Método Prático para Violão
SEM MESTRE

PARAGUASSÚ

NOVA EDIÇÃO REVISTA E APERFEIÇOADA
COM ESTUDO BÁSICO DO CIFRADO

Nº Cat.: 18-M

Irmãos Vitale Editores Ltda.
vitale.com.br

Rua Raposo Tavares, 85 São Paulo SP
CEP: 04704-110 editora@vitale.com.br Tel.: 11 5081-9499

© Copyright 1932 by Irmãos Vitale Editores Ltda. - São Paulo - Rio de Janeiro - Brasil.
Todos os direitos autorais reservados para todos os países. *All rights reserved*.

DADOS INTERNACIONAIS DE CATALOGAÇÃO NA PUBLICAÇÃO (CIP)
(CÂMARA BRASILEIRA DO LIVRO, SP, BRASIL)

> Paraguassú, 1890-1976
> Método prático para violão (sem mestre) / Paraguassú. -
> São Paulo: Irmãos Vitale.
>
> ISBN: 85-85188-11-1
> ISBN: 978-8585-188-11-5
>
>   1. Violão - Estudo e ensino
>   I. Título.
>
> 96-2677   CDD 787.8707

Índices para catálogo sistemático

1. Violão : Método : Estudo e ensino   787.8407

BRAÇO DO VIOLÃO

6ª 5ª 4ª 3ª 2ª 1ª
MI LA RE SOL SI MI

INSTRUÇÕES

1.º — O violão tem seis cordas, a saber: MI (*bordão*) chamada também SEXTA (*que é a corda mais grossa*); LA, chamada QUINTA; RE, chamada QUARTA; SOL, TERÇA; SI, SEGUNDA e MI-PRIMA ou MI AGUDO.

Há violões que têm 3 cordas suplementares colocadas ao lado de MI-SEXTA, num apêndice do braço do violão e que serve para as notas mais graves.

Não são porém indispensáveis.

MANEIRA DE SUSTER O VIOLÃO

2.º — Para bem suster o violão o executante precisa sentar-se numa cadeira, possivelmente um pouco mais alta do comum, pousando o pé esquerdo sobre um banquinho da altura aproximada de vinte e cinco centimetros. A perna direita ficará afastada da esquerda de modo que o pé direito fique um pouco para trás e cuidando, porém, que a perna fique em posição normal.

Colocado deste modo, o executante porá o violão transversalmente sobre a perna esquerda, deixando descançar a extremidade inferior sobre a perna direita.

Esta posição é a mais própria, porque dará às mãos a máxima liberdade para a execução.

COMO SE AFINA O VIOLÃO

3.º — Com o auxilio do DIAPASÃO, afina-se o LA (*quinta*); depois de afinado o LA, coloca-se um dedo da mão esquerda sobre o quinto traste, ferindo a mesma corda e procurando que o RE (*quarta*) fique ao uníssono. Fere-se, a seguir, o quinto traste na corda RE (*quarta*) e procura-se que o SOL (*terça*), fique ao uníssono. Para afinar o SI (*segunda*) fere-se o quarto traste, na corda SOL (*terça*); para o MI (*prima*) fere-se o quinto traste na corda SI (*segunda*).

Afinado o MI (*prima*) procede-se à afinação do MI (*sexta ou bordão*) cuidando que fique ao unissono com o MI agudo, à distância de duas oitavas, ou ferindo o LÁ (*quinta*), no sétimo traste, e afinando o MI (*sexta*) à distância de uma oitava. Afinado assim o violão, procede-se à verificação da mesma afinação, experimentando-se cada corda — a começar de MI (*sexta*) — correspondente à corda seguinte ferida no sétimo traste (*sempre com a distância de uma oitava*), com exceção do SOL (*terça*) que corresponde à corda seguinte ferida, porém no oitavo traste.

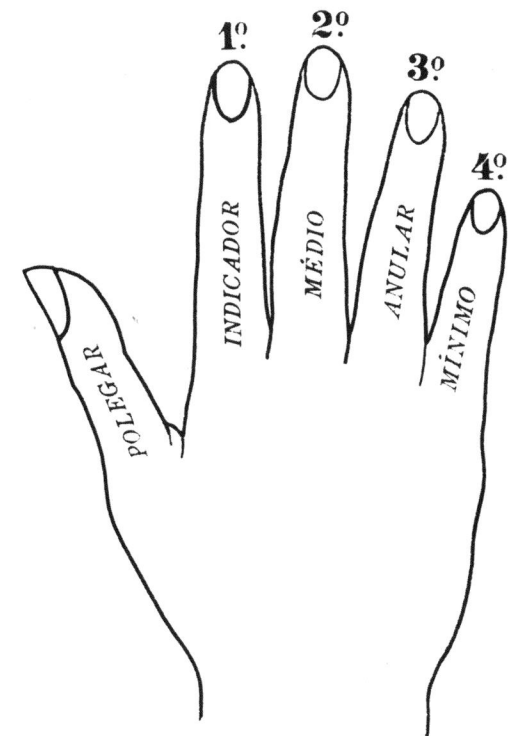

MÃO ESQUERDA

A mão esquerda, ao mesmo tempo que segura o braço do violão entre o polegar e o indicador, cuidará que os dedos tenham liberdade de movimento e servir-se-á dos mesmos para ferir os trastes nos pontos indicados pelos algarismos, exceto o polegar que será indicado, quando preciso, com a letra (*P*).

O dedo INDICADOR será indicado com 1; o MÉDIO com 2; o ANULAR com 3; e o MÍNIMO com 4.

Quando houver acordes marcados por uma PESTANA (〰〰〰) dever-se-á ferir ao mesmo tempo todos os trastes que ela abarcar com um só dedo, ficando este deitado por cima das cordas e fazendo pressão igual e uniforme.

Para obter sonoridade e clareza é preciso evitar que os dedos esbarrem em outras cordas para o que será necessario arredondar pronunciadamente o pulso.

MÃO DIREITA

A mão direita deverá ferir as cordas que estiverem marcadas em preto (●), com os dedos: INDICADOR, MÉDIO e ANULAR. Estas cordas correspondem ao acorde. A corda que estiver marcada com um pequeno circulo (○) deverá ser ferida com o polegar correspondente ao baixo.

Para obter um som cheio e agradavel é preciso ferir as cordas energicamente com as polpas dos dedos, evitando qualquer ruido e o contato eventual das unhas, que devem estar sempre bem aparadas.

Dever-se-á cuidar tambem que o polegar, depois de ferir a corda, escorregue imediatamente sobre a corda seguinte á que acabar de ferir e só deverá ser retirado, quando preciso, para ferir outra corda.

Afim de obter o equilibrio da mão direita, será preciso que o dedo MÍNIMO esteja em contato com a taboa harmônica, perto da corda MI (*prima*), à pouca distância do cavalete (*isso ao menos até adquirir o necessario costume de equilibrar a mão*).

O antebraço ficará apoiado à extremidade do violão.

DÓ MAIOR

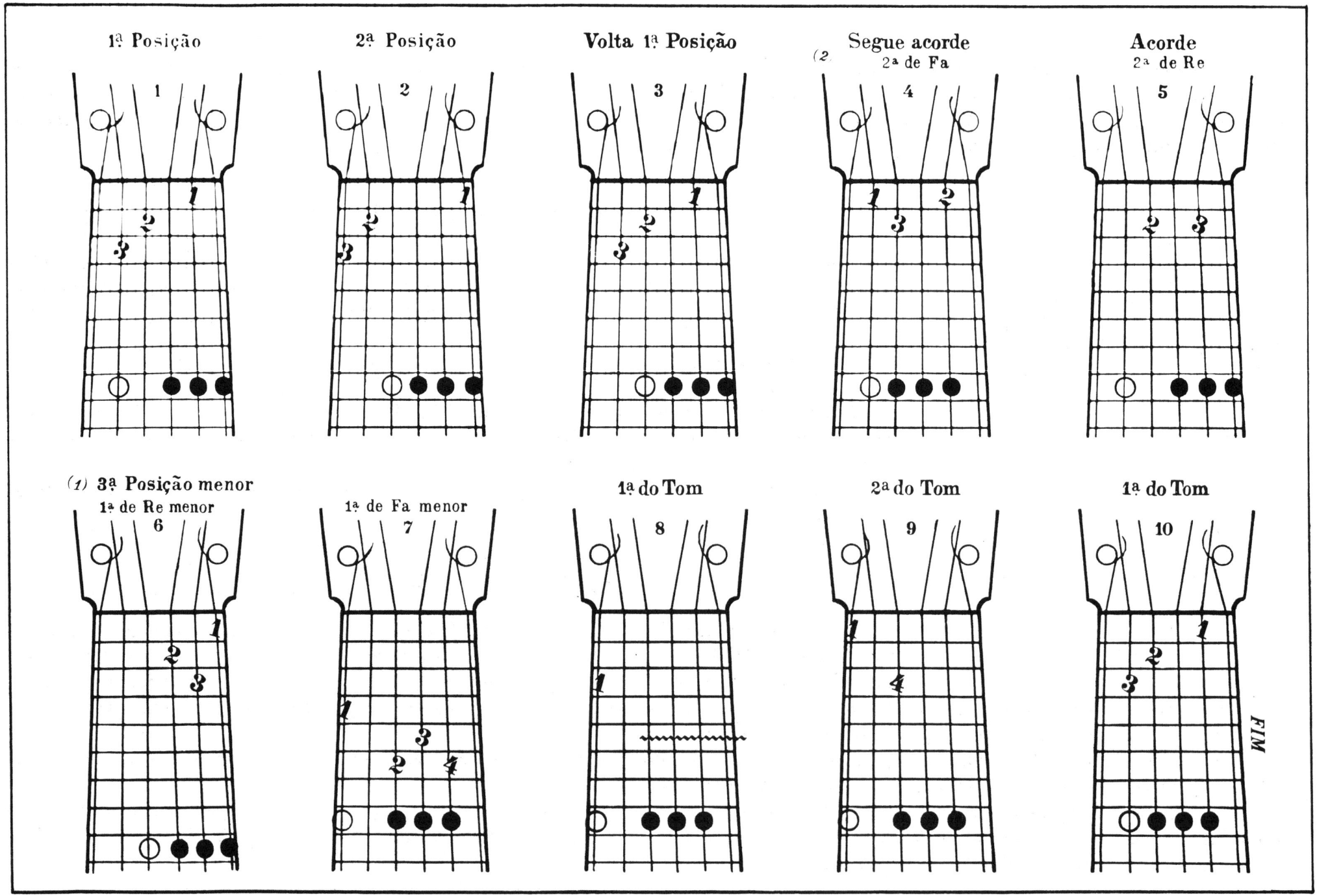

(1) A 3.ª posição de Dó Maior é a 1.ª posição de Fa Maior
Nota: A 3.ª nos tons maiores é maior e nos tons menores é menor.
(2) As 2.as dos tons, são iguais para ambos os modos maior e menor.

LA MENOR

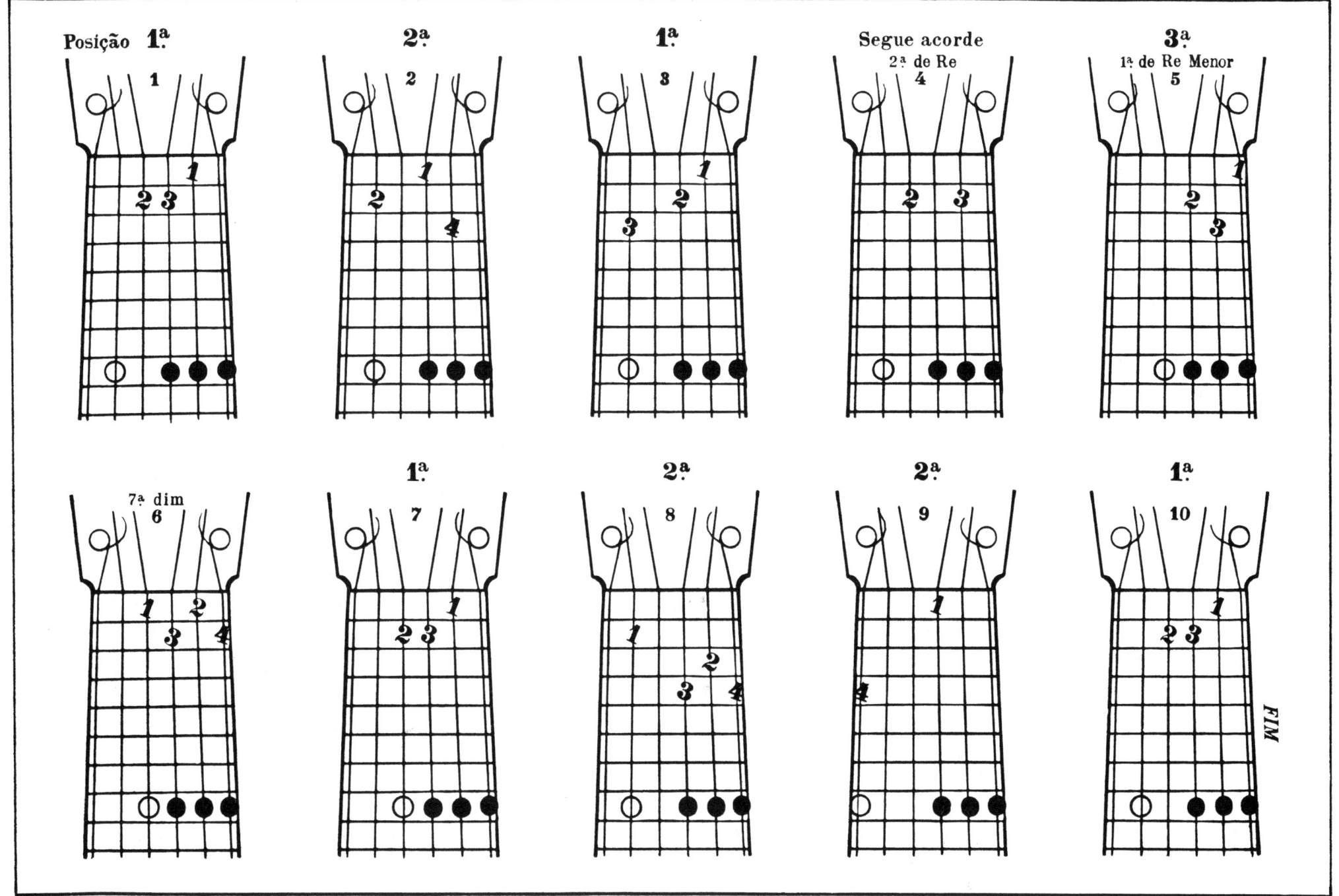

SOL MAIOR

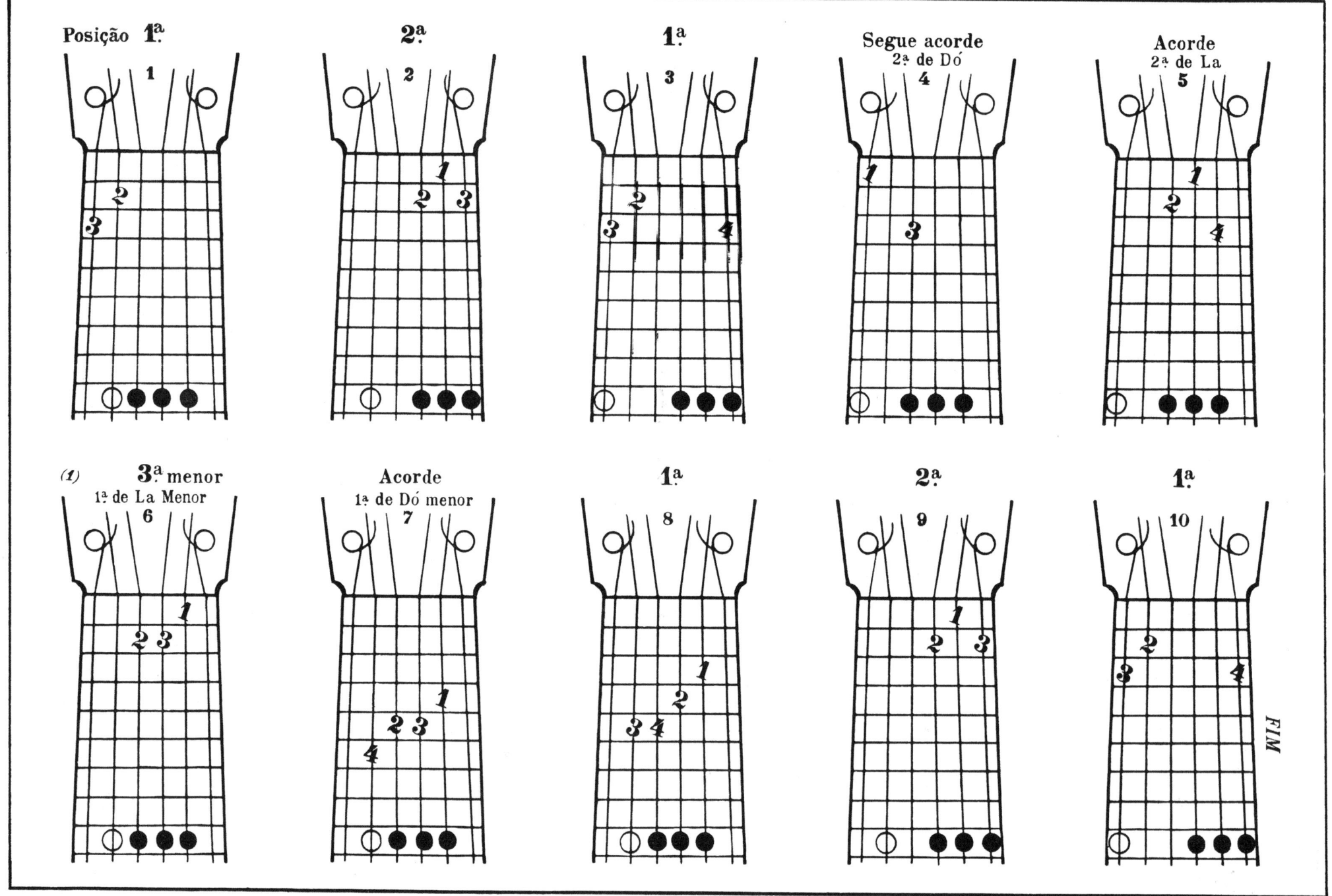

(1) A 3.ª maior, é a 1.ª de Dó maior.

MI MENOR

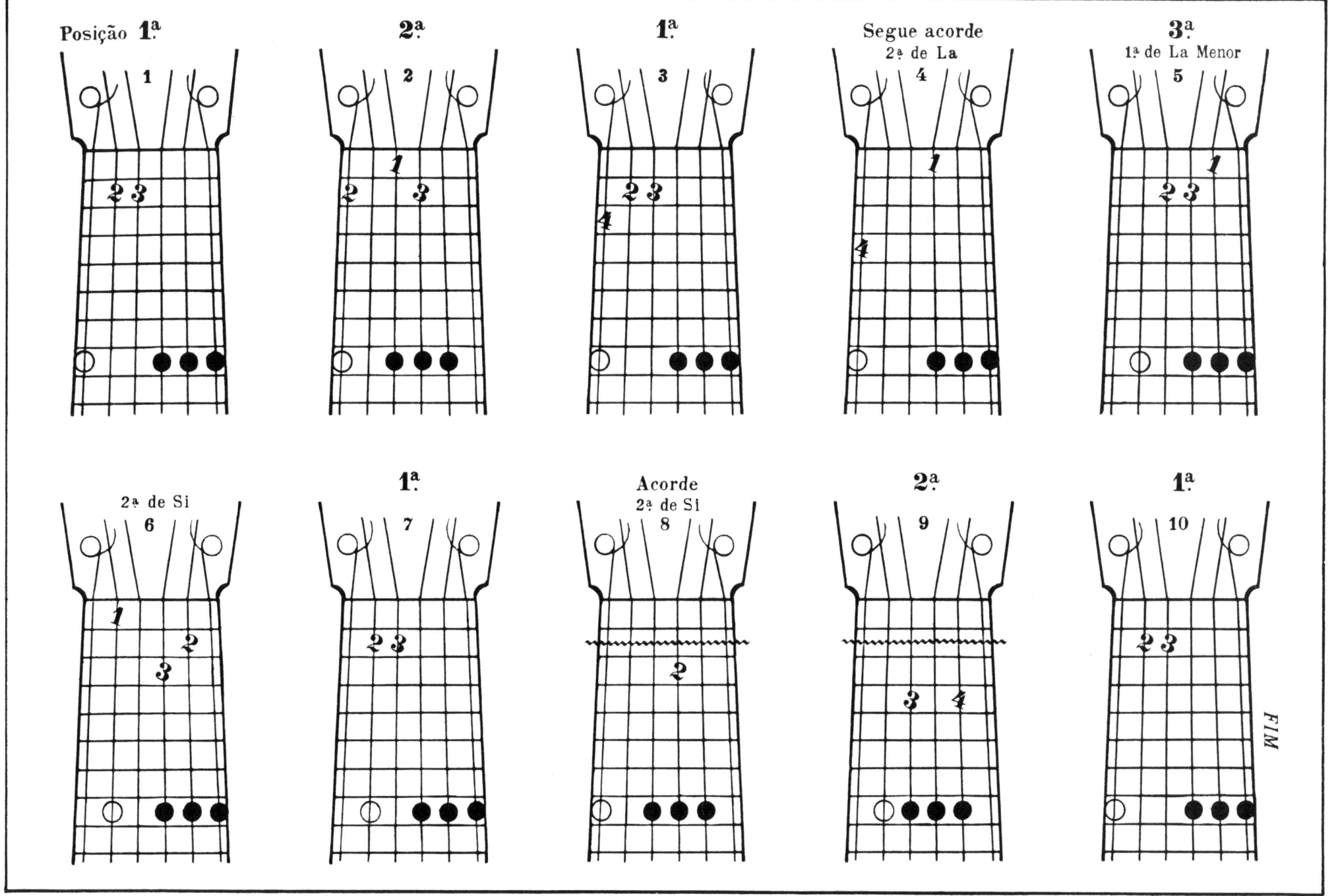

FA MAIOR

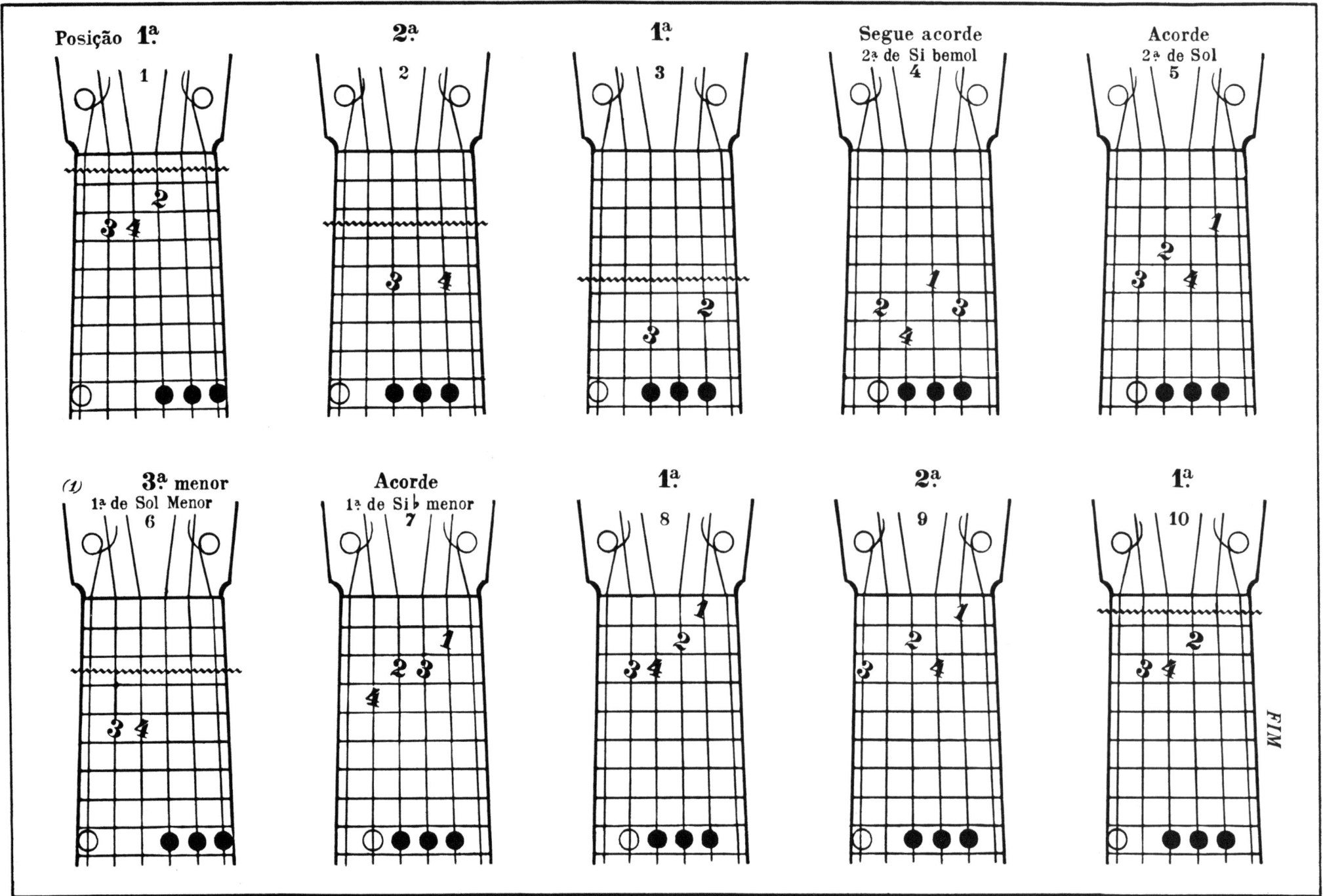

(1) A 3.ª maior, é a 1.ª de Si bemol maior.

RE MENOR

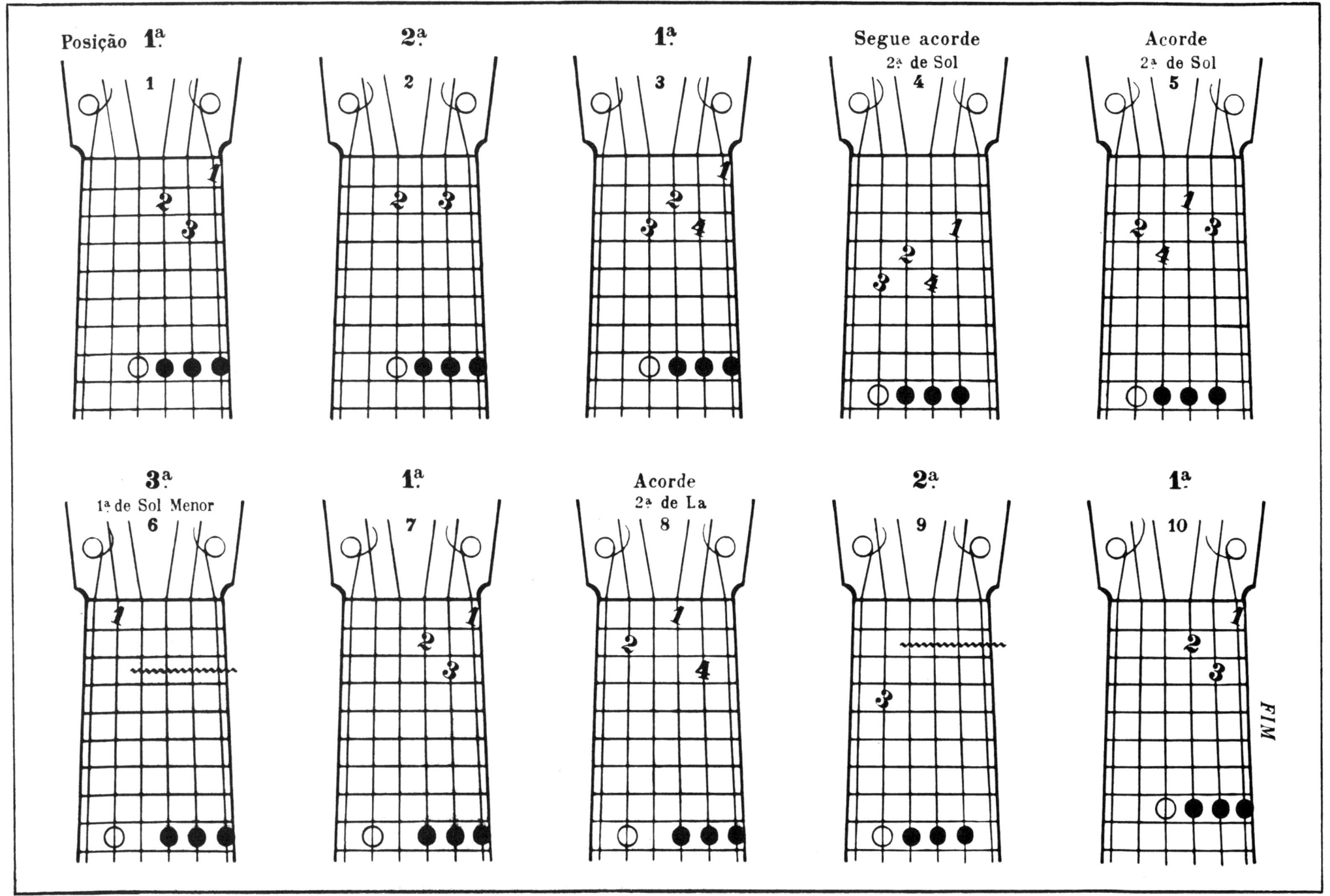

RE MAIOR

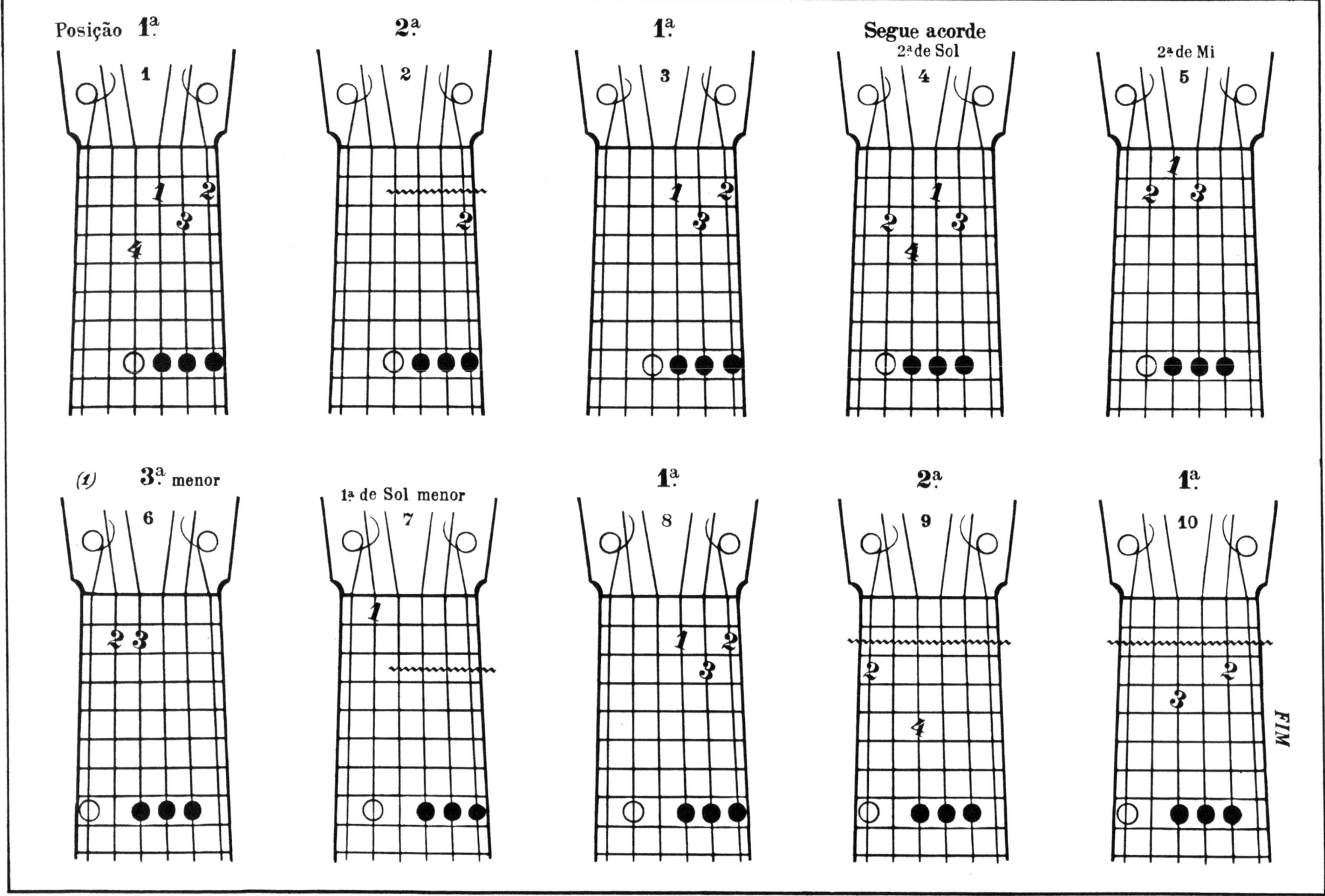

(1) A 3.ª maior, é a 1.ª de Sol maior.

SI MENOR

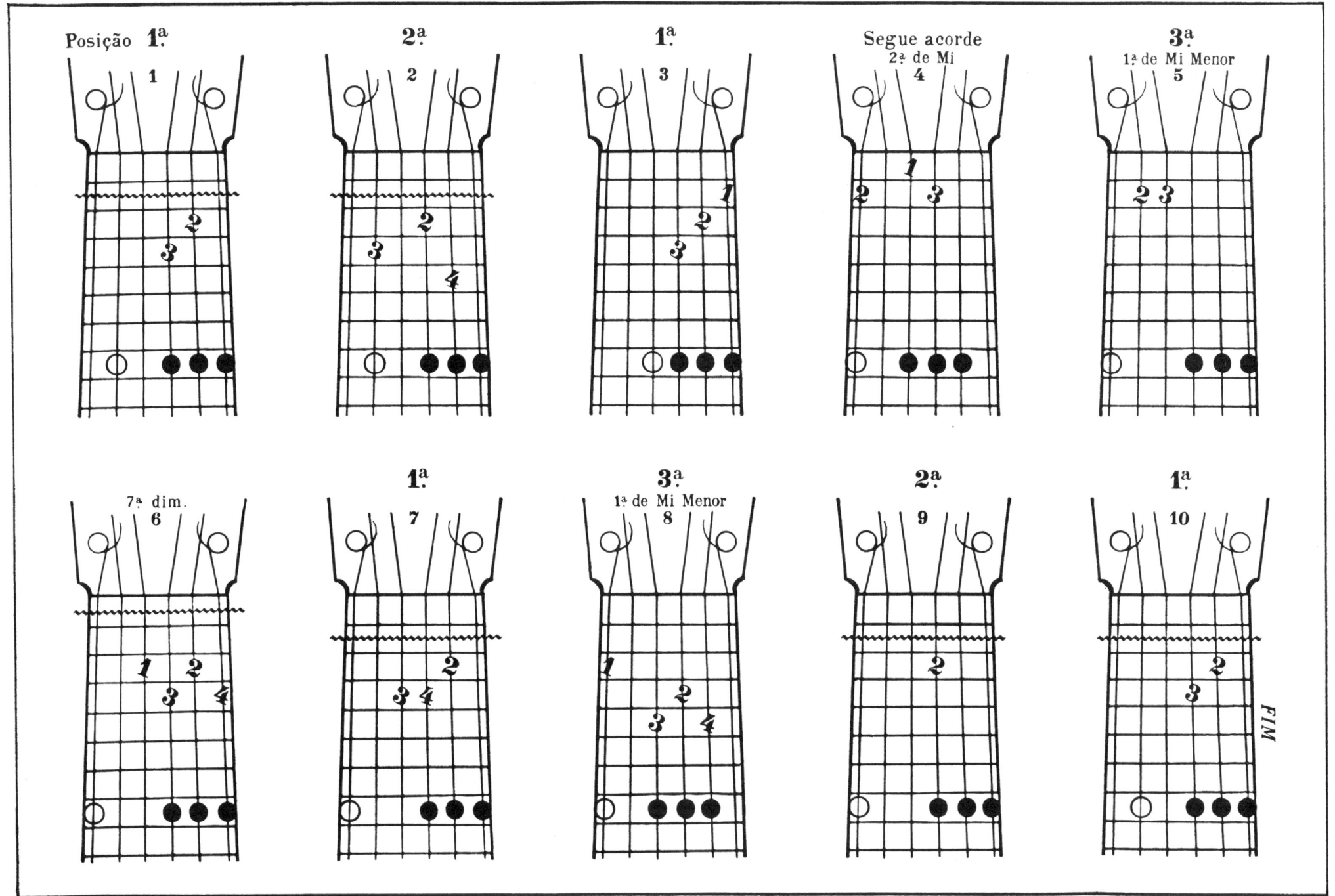

LA MAIOR

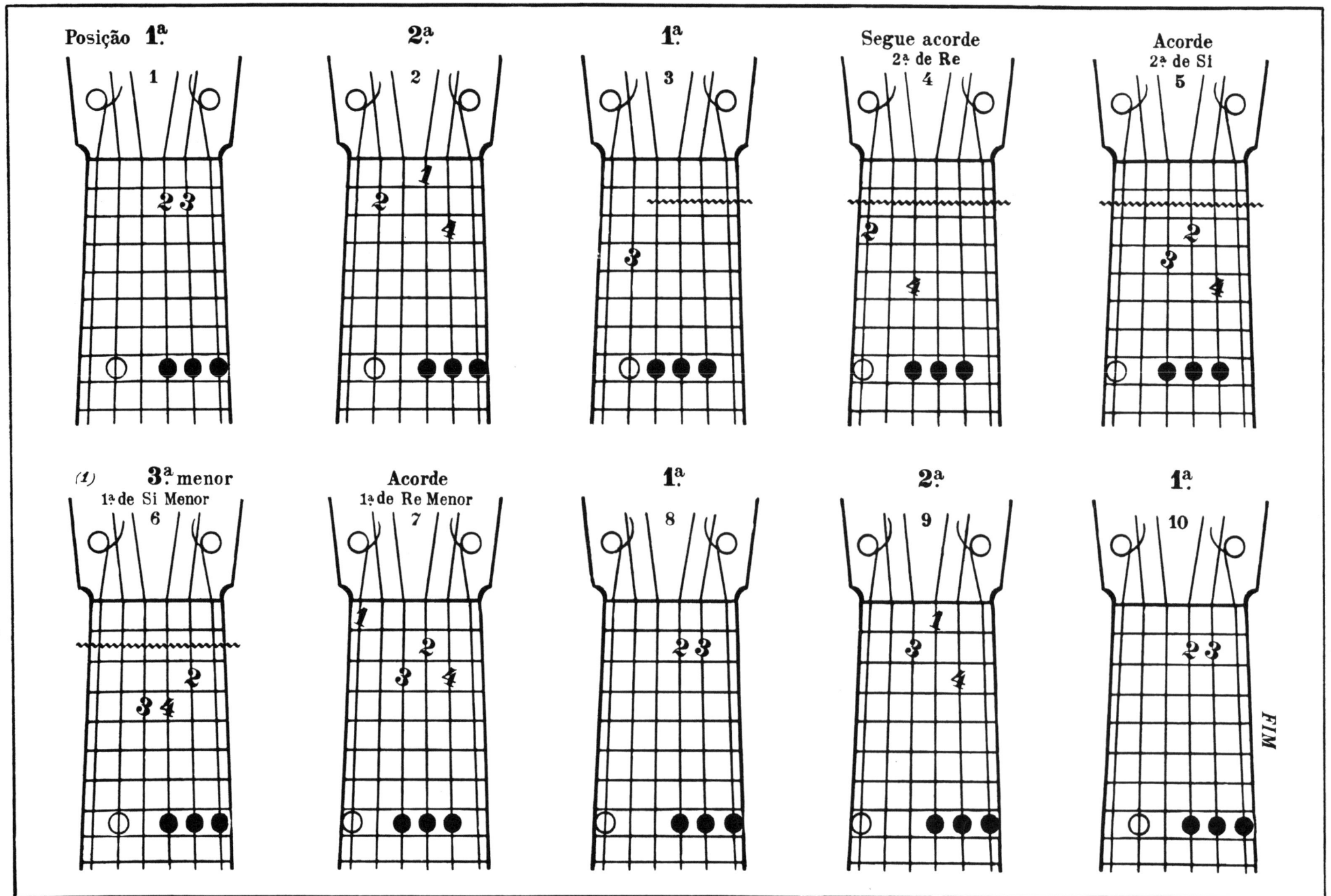

(1) A 3.ª maior, é a 1.ª de Re maior.

FA SUSTENIDO MENOR

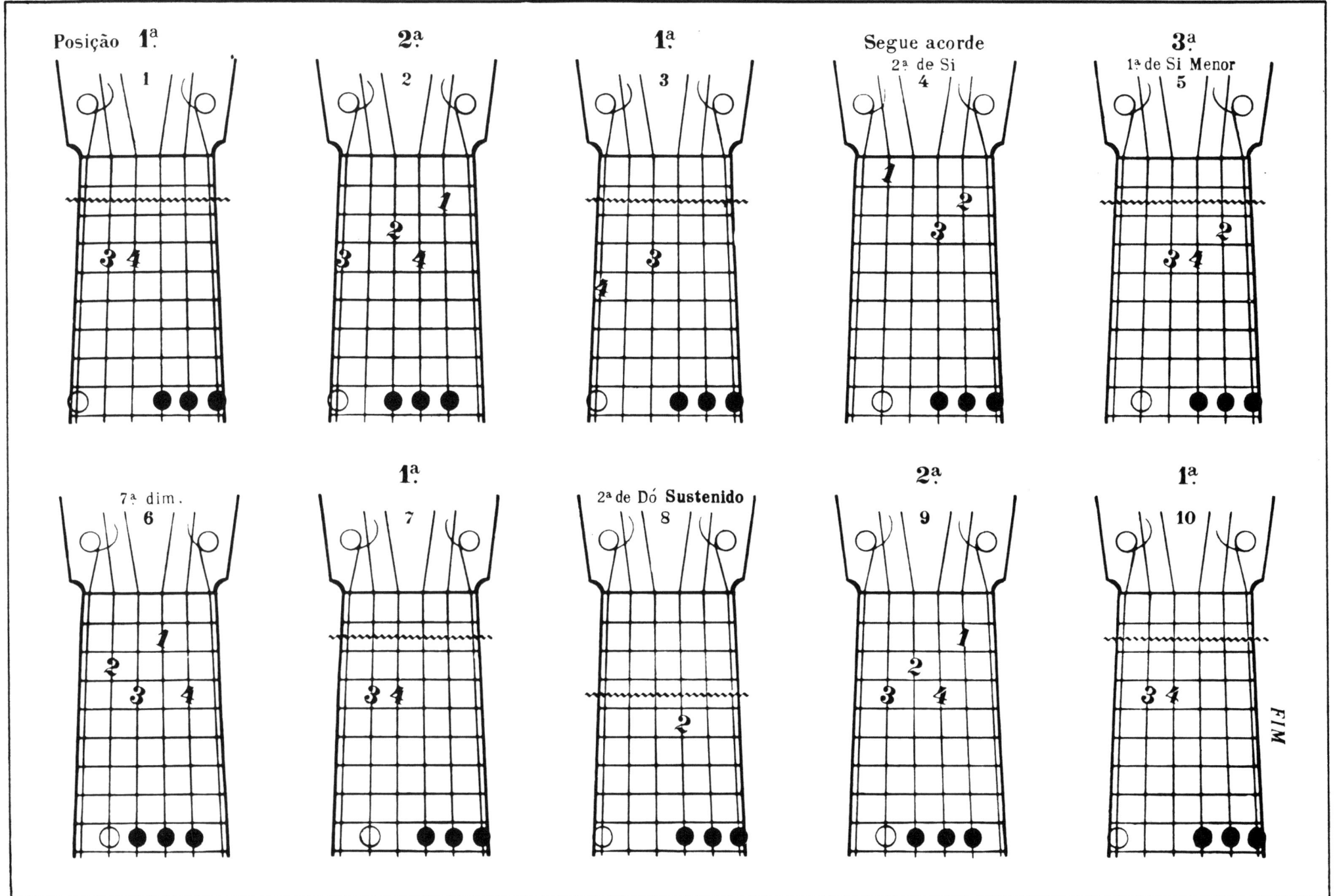

MI MAIOR

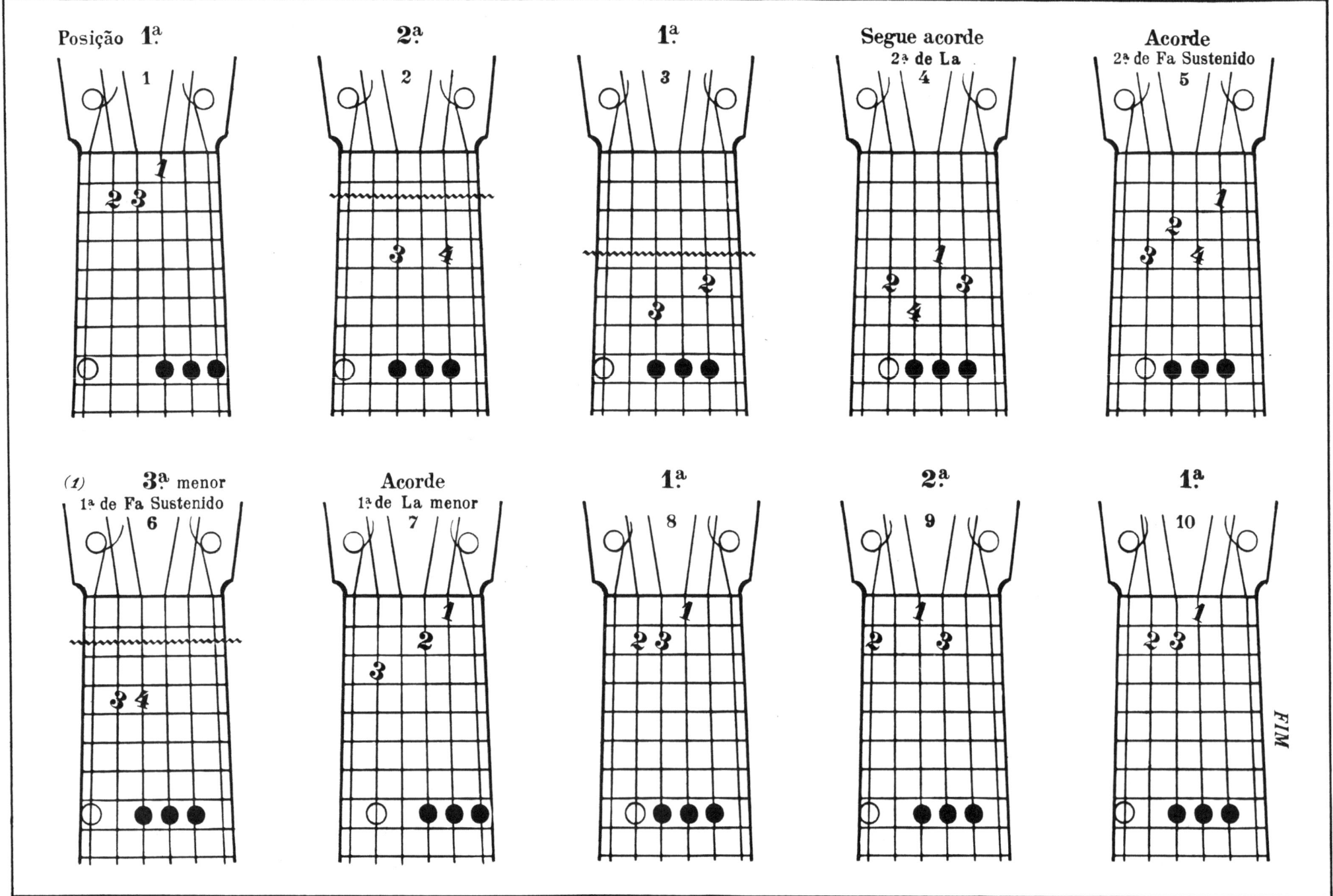

(1) A 3.ª maior é a 1.ª de La maior.

DÓ SUSTENIDO MENOR

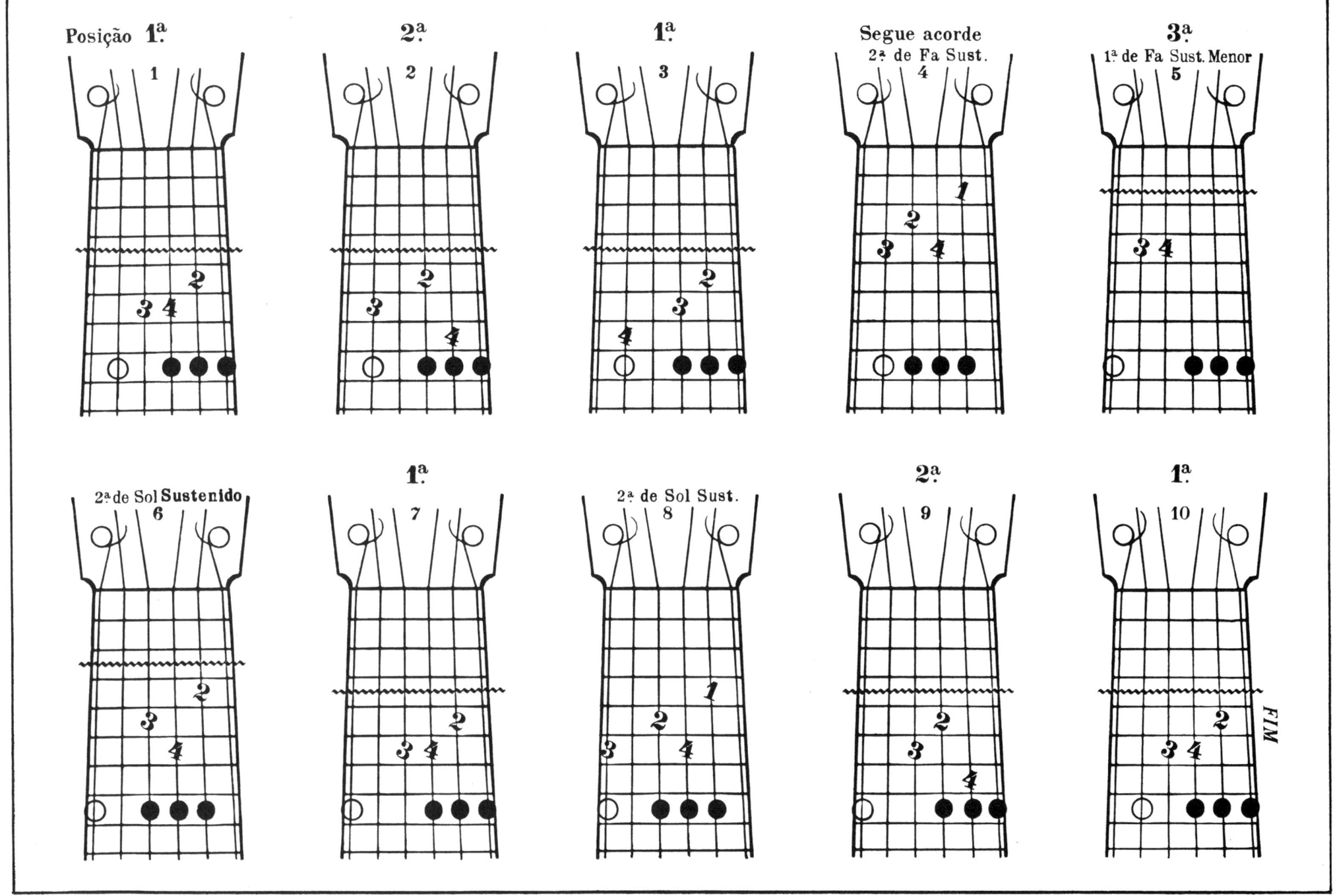

SI BEMOL MAIOR

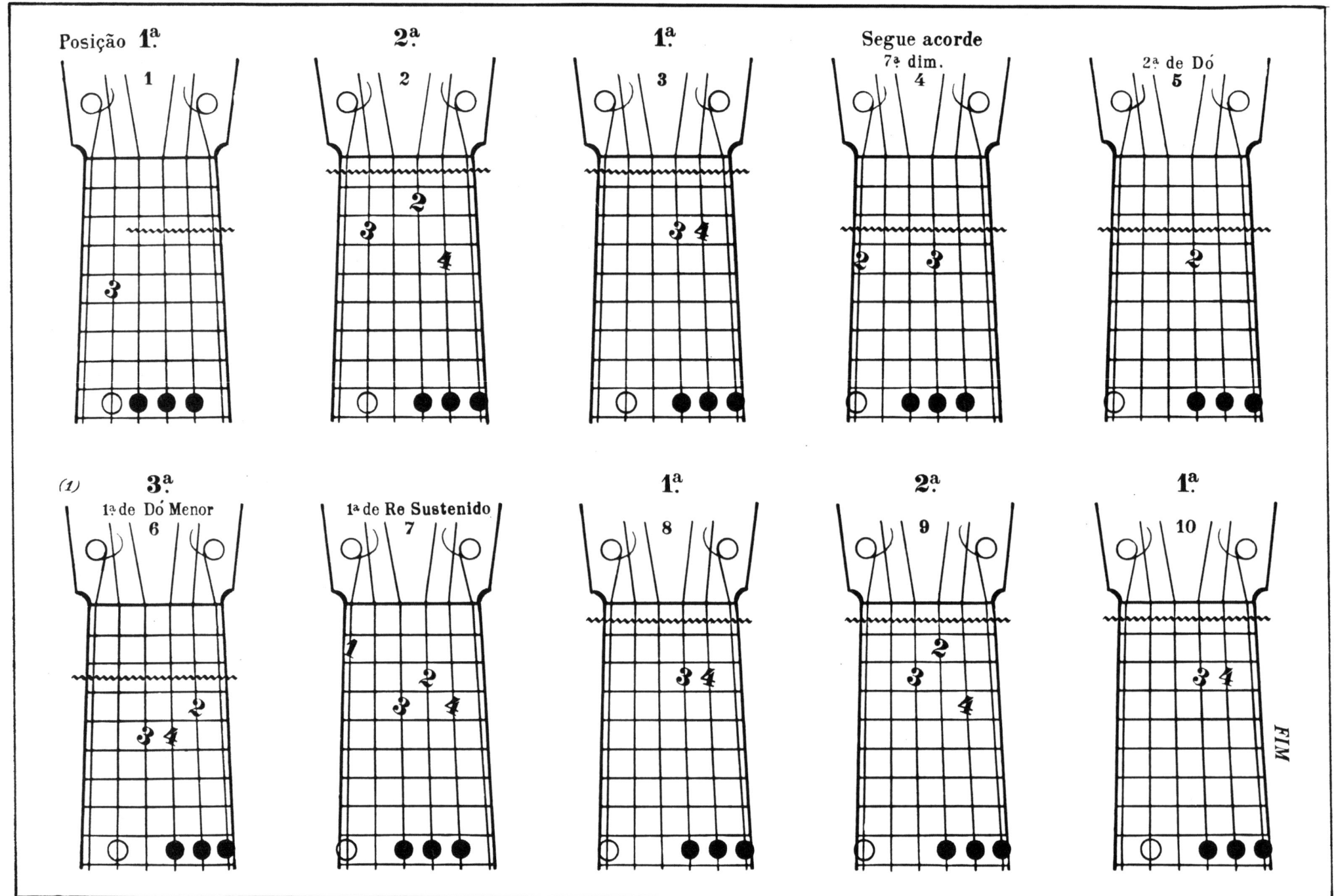

(1) A 3.ª maior, é a 1.ª de Mi bemol maior.

SOL MENOR

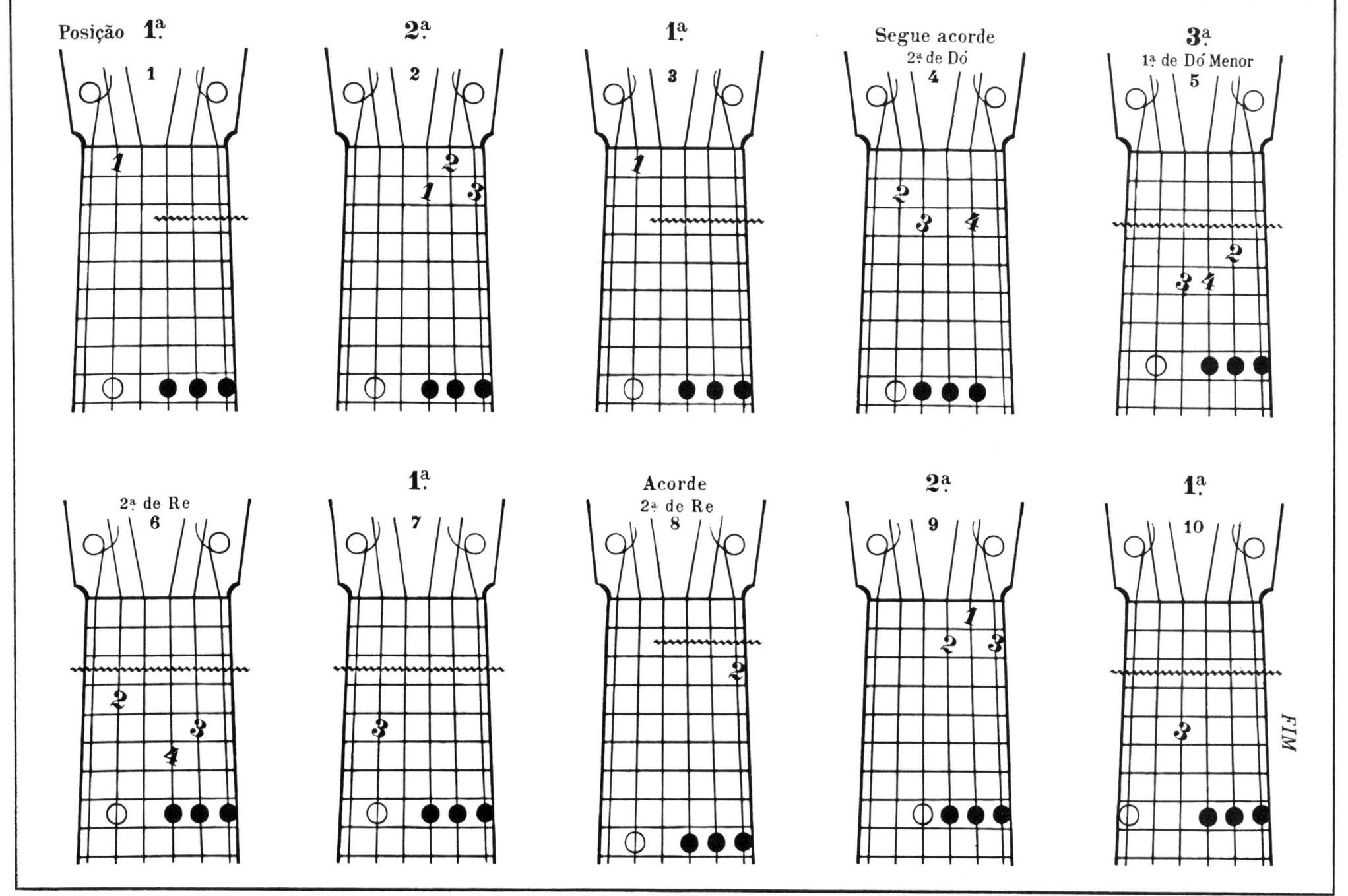

MI BEMOL MAIOR

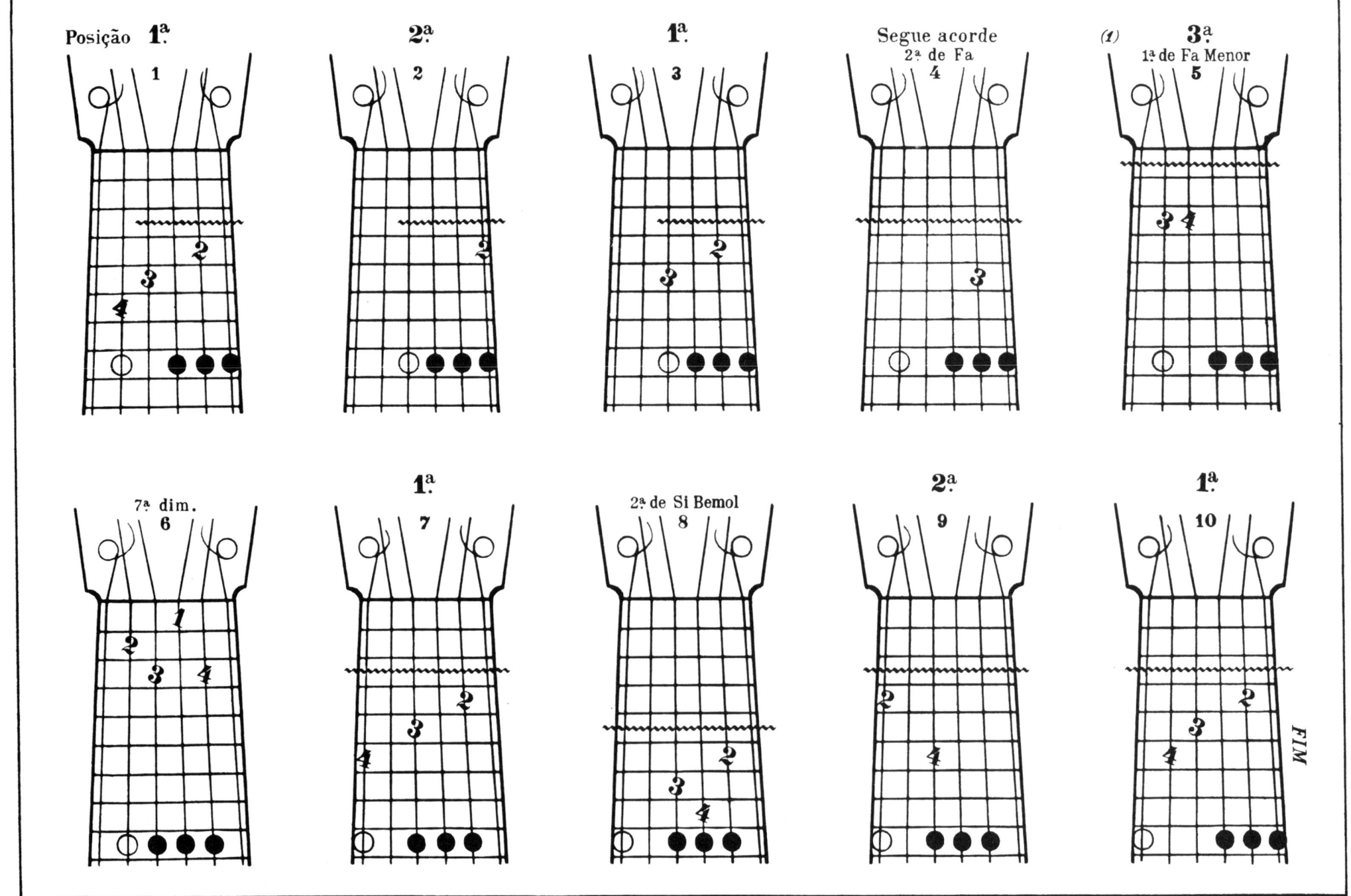

(1) A 3.ª maior, é a 1.ª de Lá bemol maior.

DÓ MENOR

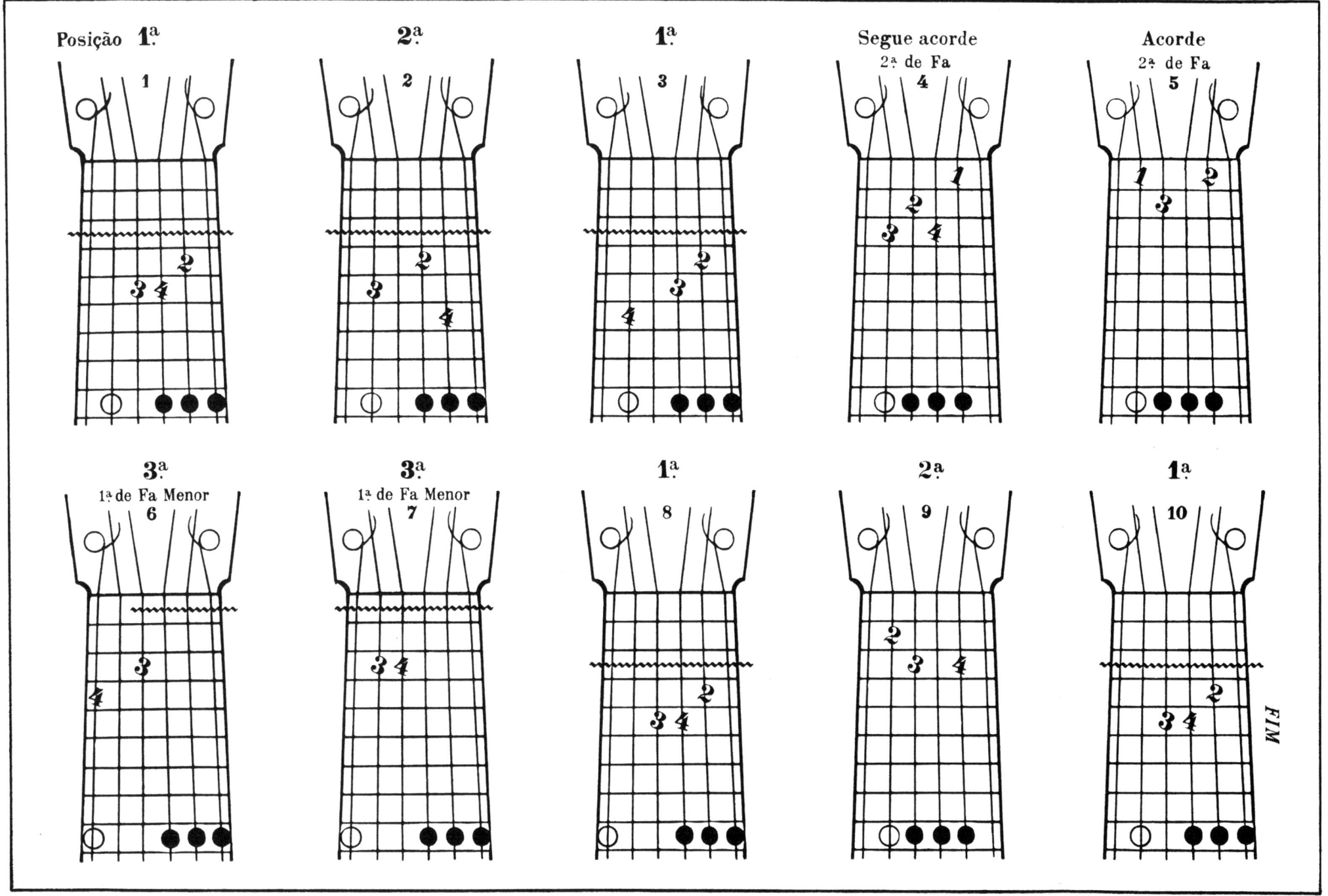

LA BEMOL MAIOR

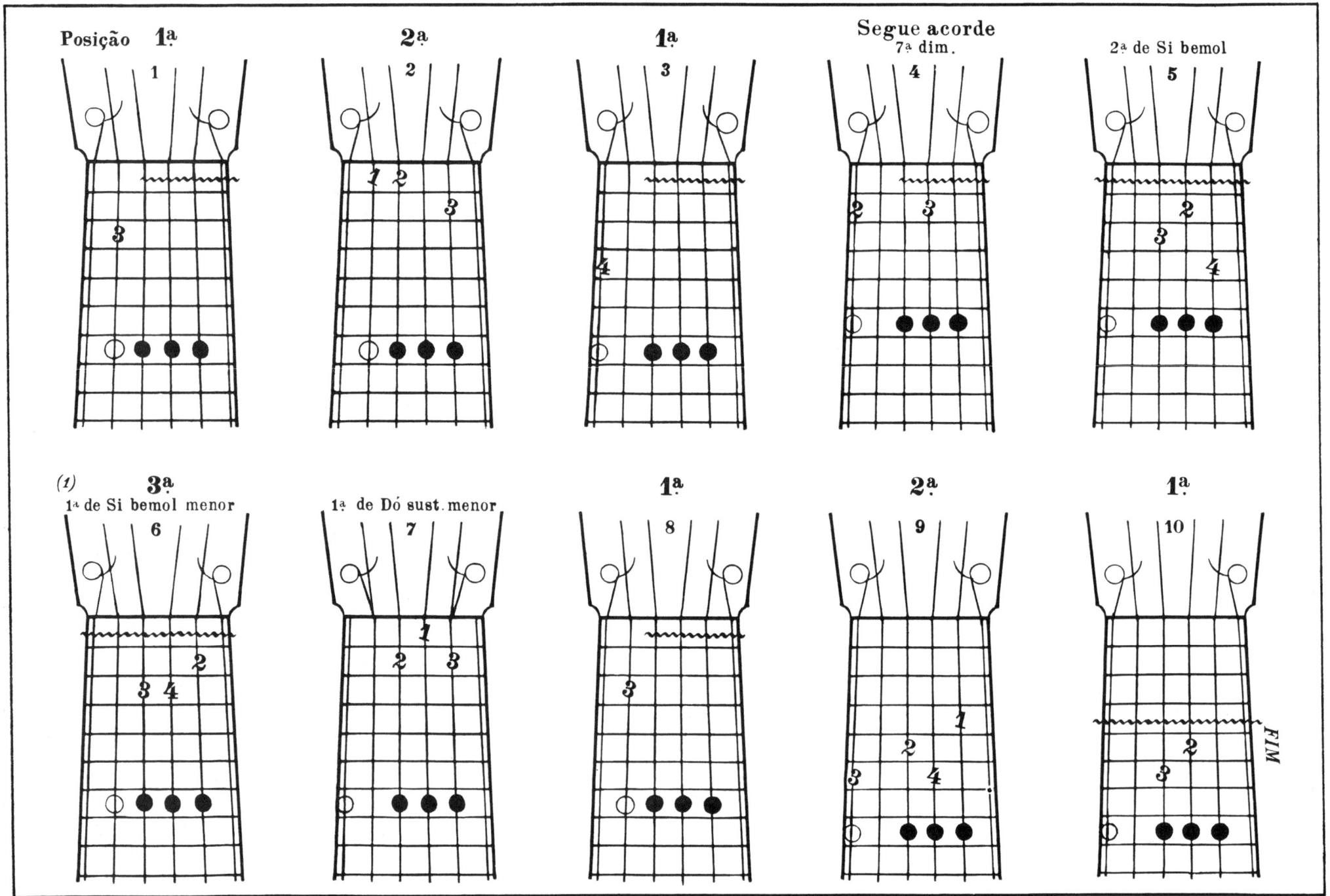

(1) A 3.ª maior, é a 1.ª de Re bemol maior.

FA MENOR

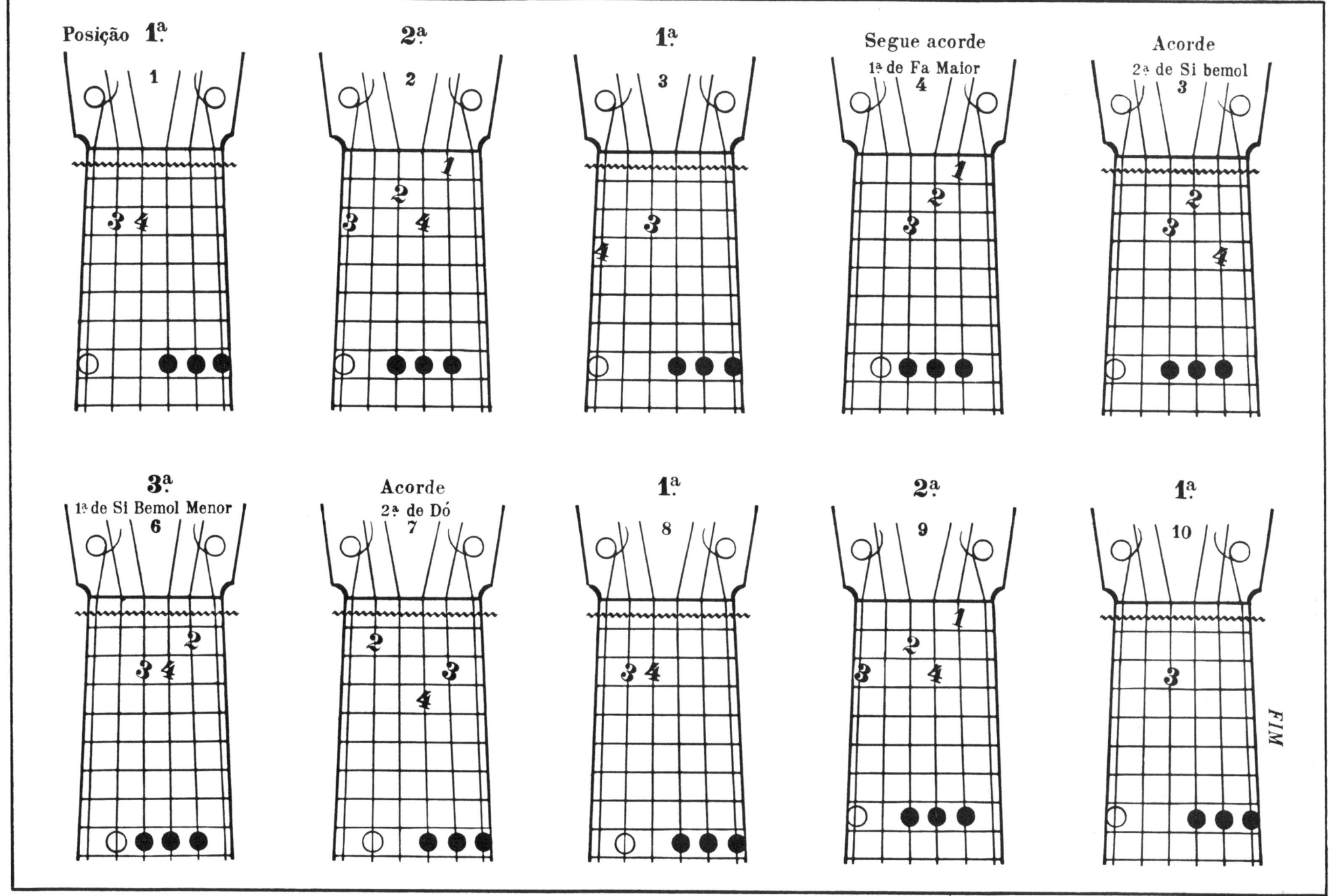

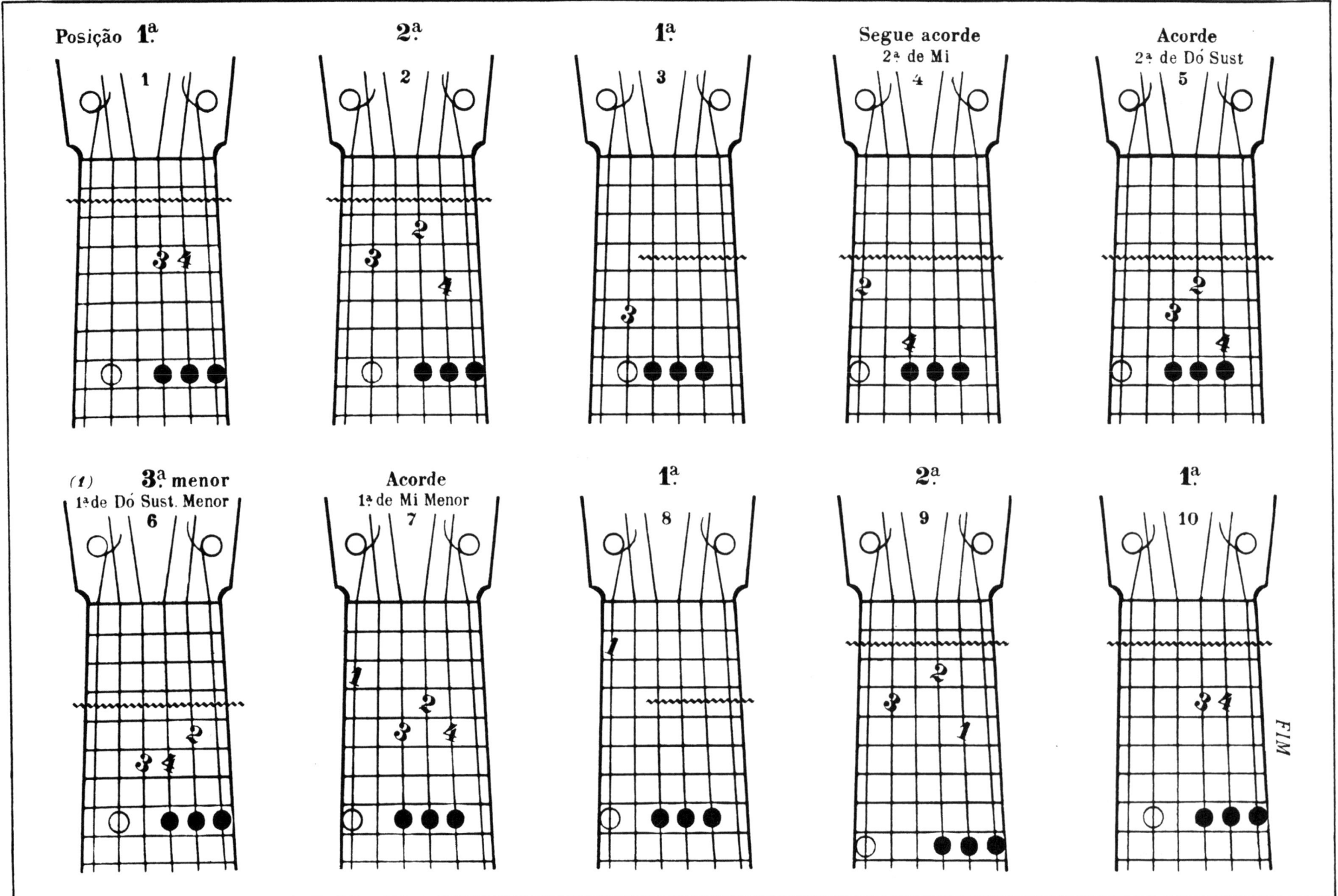

SOL SUSTENIDO MENOR ou LA BEMOL MENOR

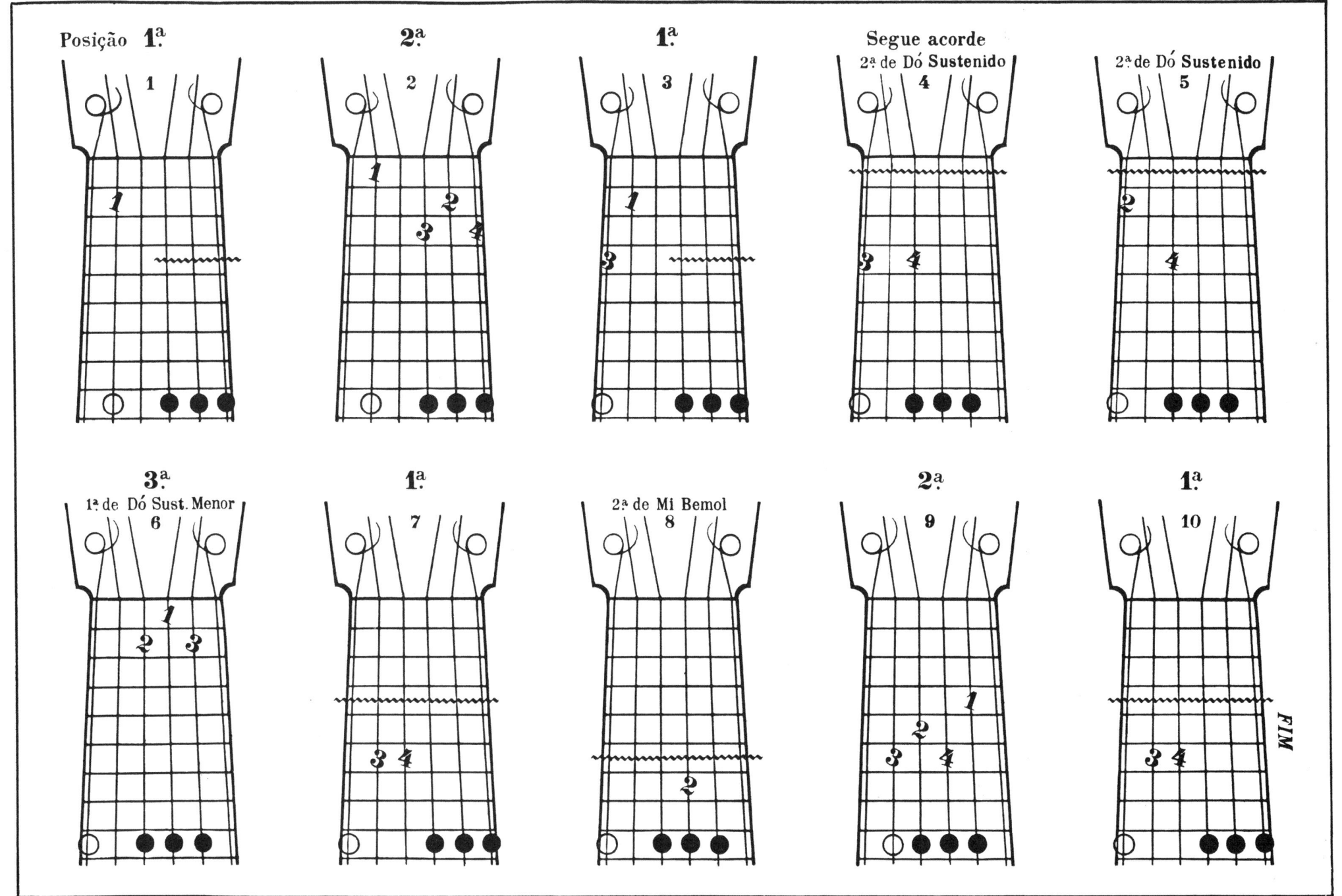

RE BEMOL MAIOR ou DÓ SUSTENIDO MAIOR

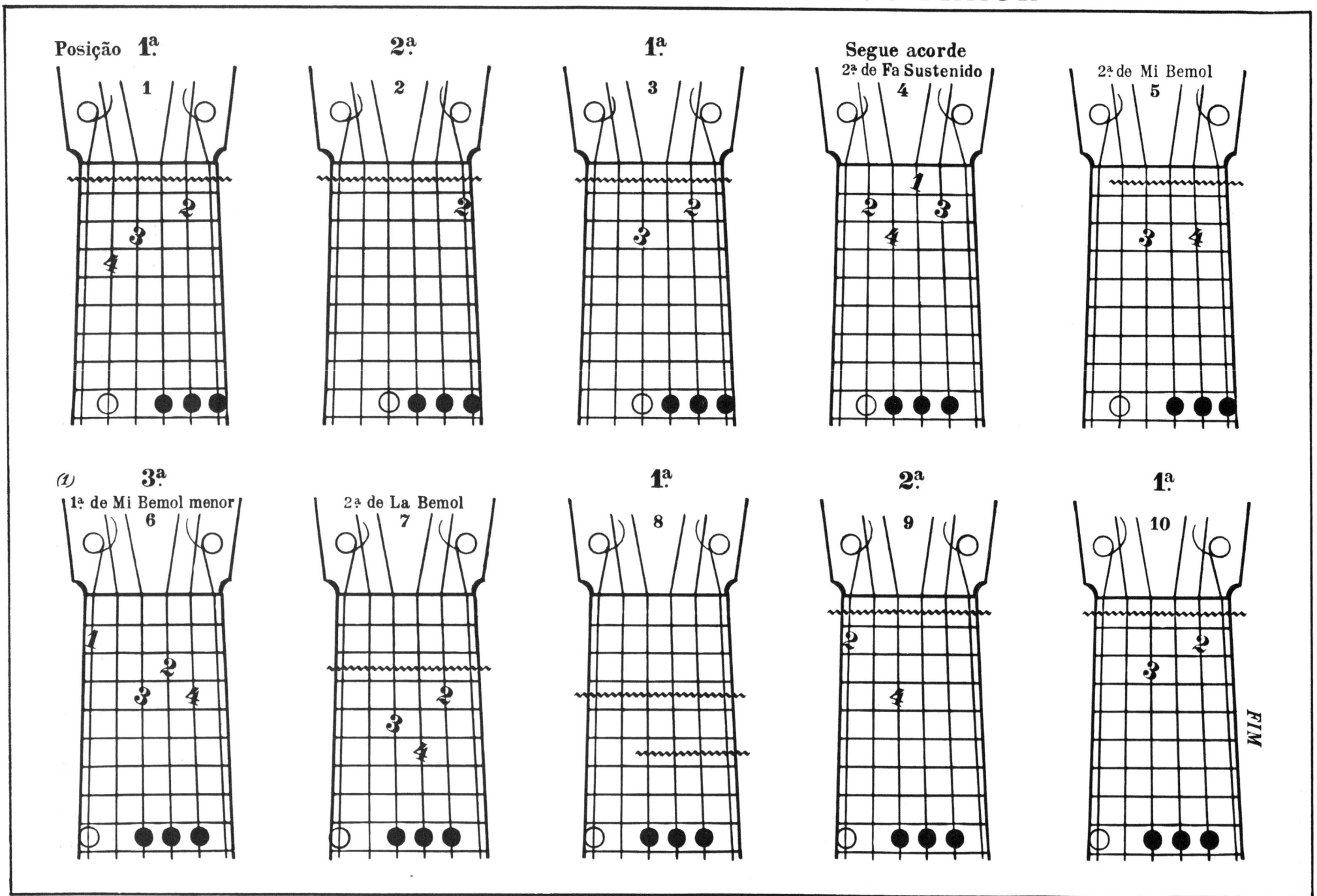

(1) A 3.ª maior, é a 1.ª de Sol bemol maior.

SI BEMOL MENOR ou LA SUSTENIDO MENOR

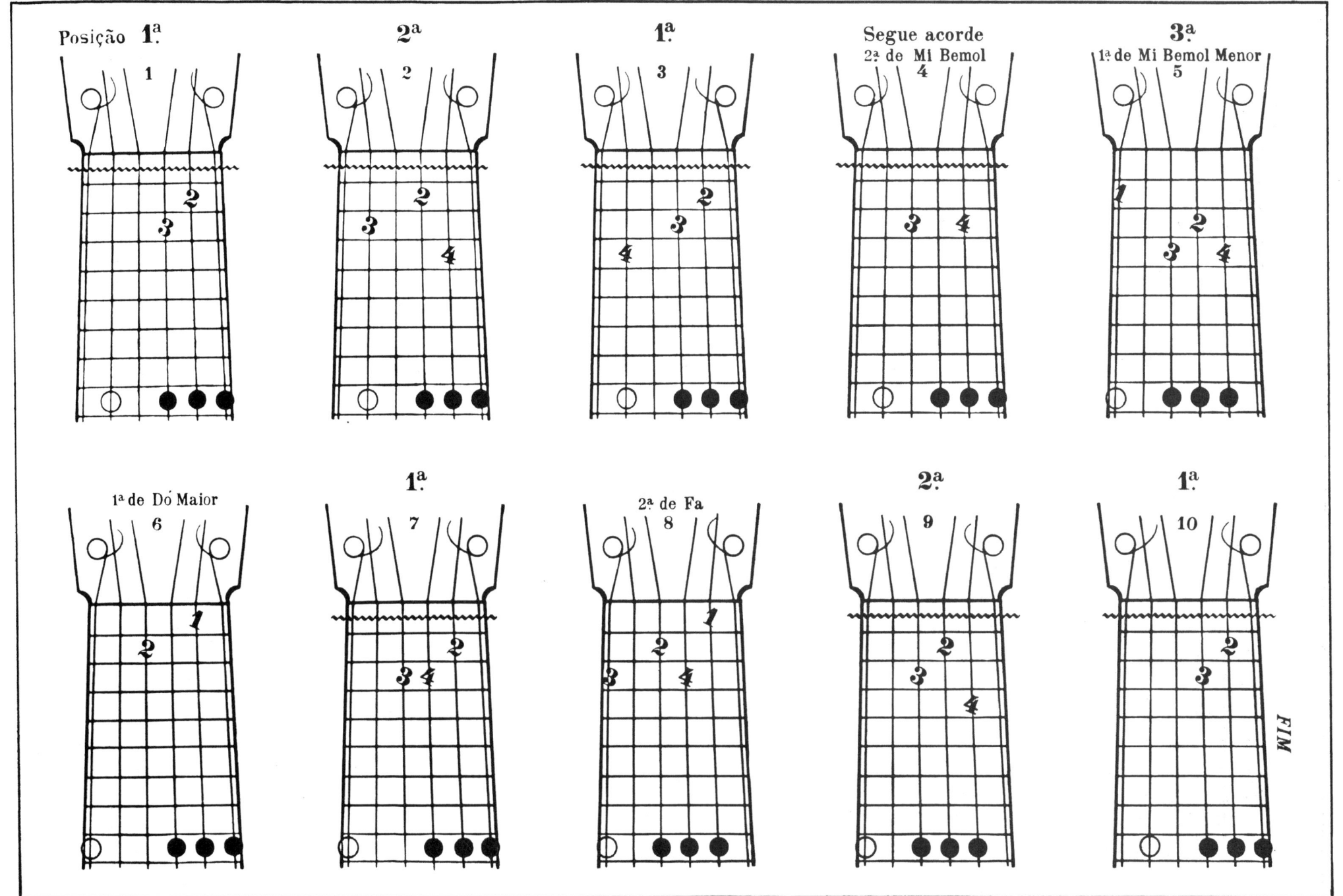

FA SUSTENIDO MAIOR ou SOL BEMOL MAIOR

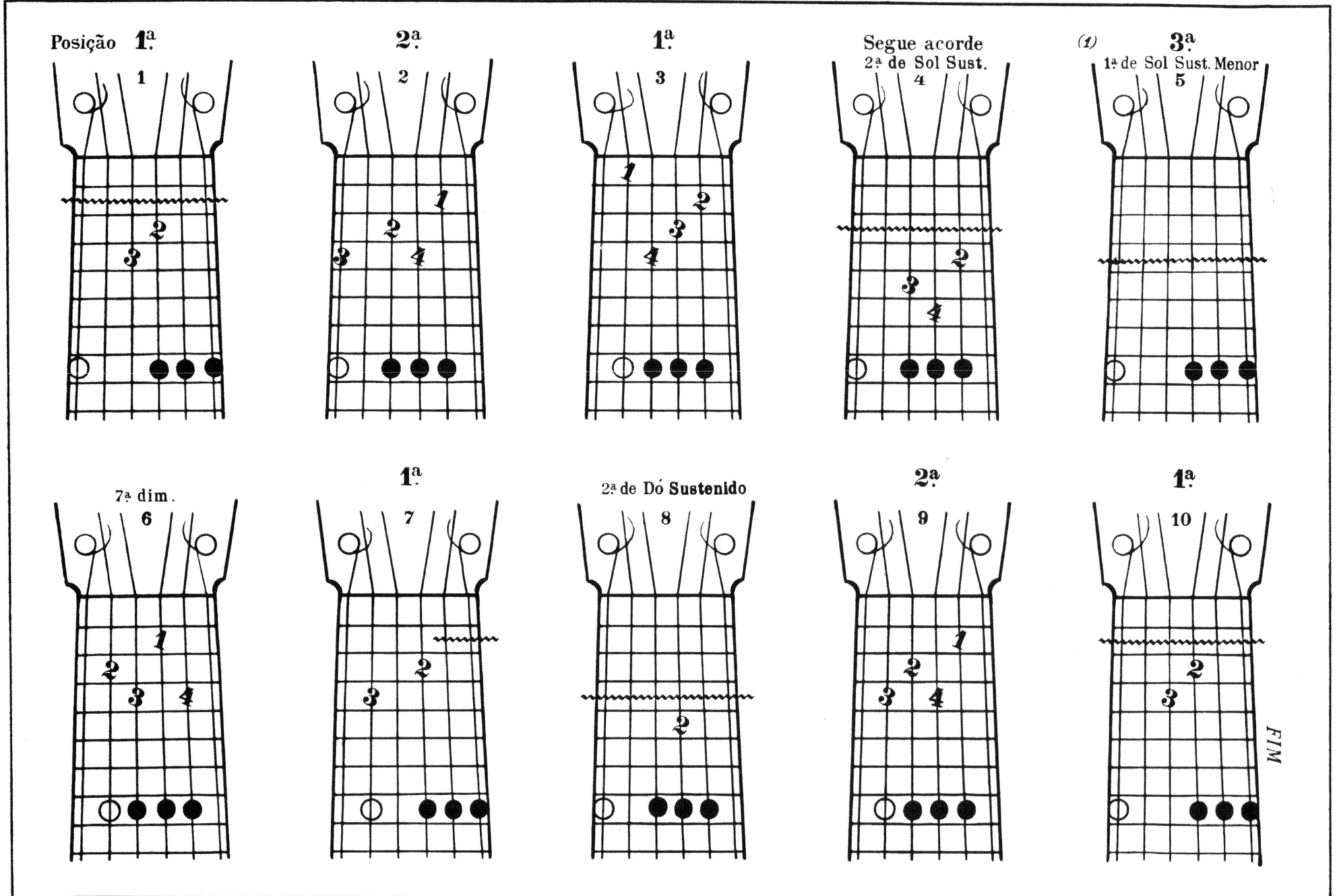

(1) A 3.ª maior, é a 1.ª de Si maior

RE SUSTENIDO MENOR ou MI BEMOL MENOR

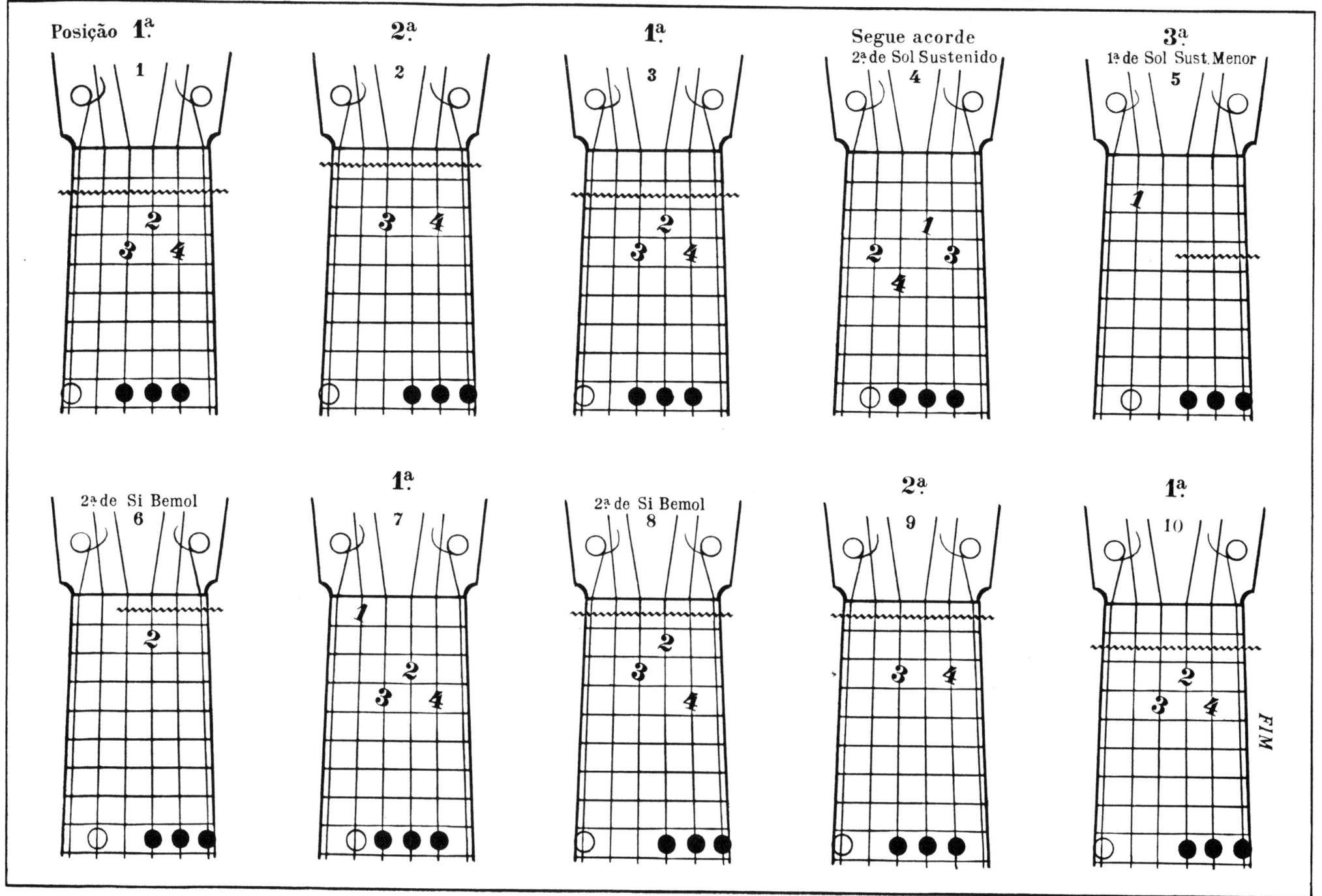

CIFRADO

O cifrado é universal.

TONALIDADES

As tonalidades são indicadas por letras.

Tons maiores

Letras maiúsculas

{ A   B   C   D   E   F   G
{ lá si dó ré mi fá sol

Tons menores

Letras maiúsculas, seguidas de um (m) minúsculo.

{ Am Bm Cm Dm Em Fm Gm
{ lá si dó ré mi fá sol

SINAIS USADOS NO CIFRADO

♯ sustenido

♭ bemol

6 (sexta) — 7 (sétima) — *etc.*

9 M (nona maior) — 7 M (sétima maior) — *etc.*

5 + (quinta aumentada) — 9 + (nona aumentada) — *etc.*

9 - (nona menor)

dim (acorde diminuto)

No violão popular, as tonalidades dividem-se nas seguintes posições:

Tom maior — primeira, segunda, preparação, terceira maior, preparação e terceira menor.

Tom menor — primeira, segunda, preparação e terceira menor.

Os tons maiores são compostos de **seis acordes** e os tons menores, de **quatro acordes**.

EXEMPLOS

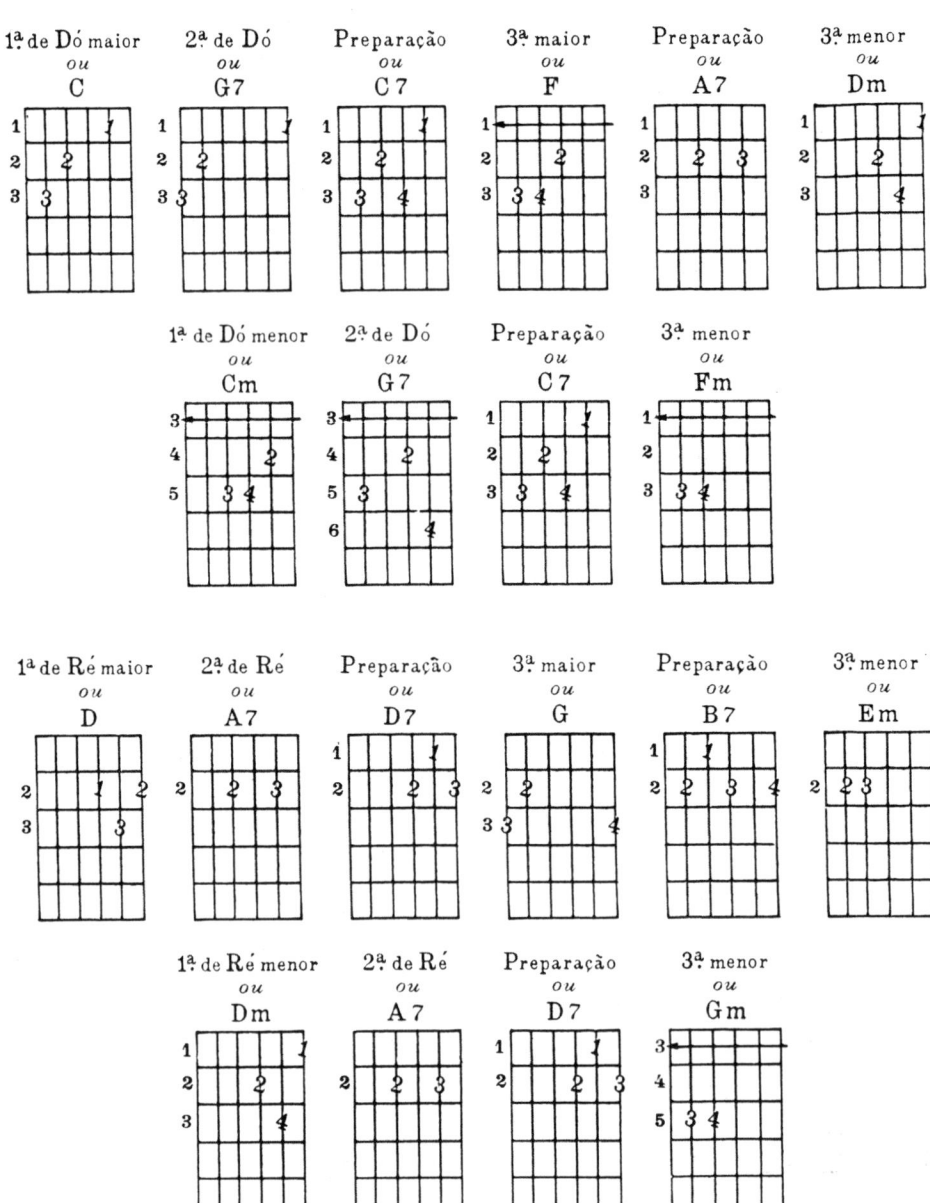

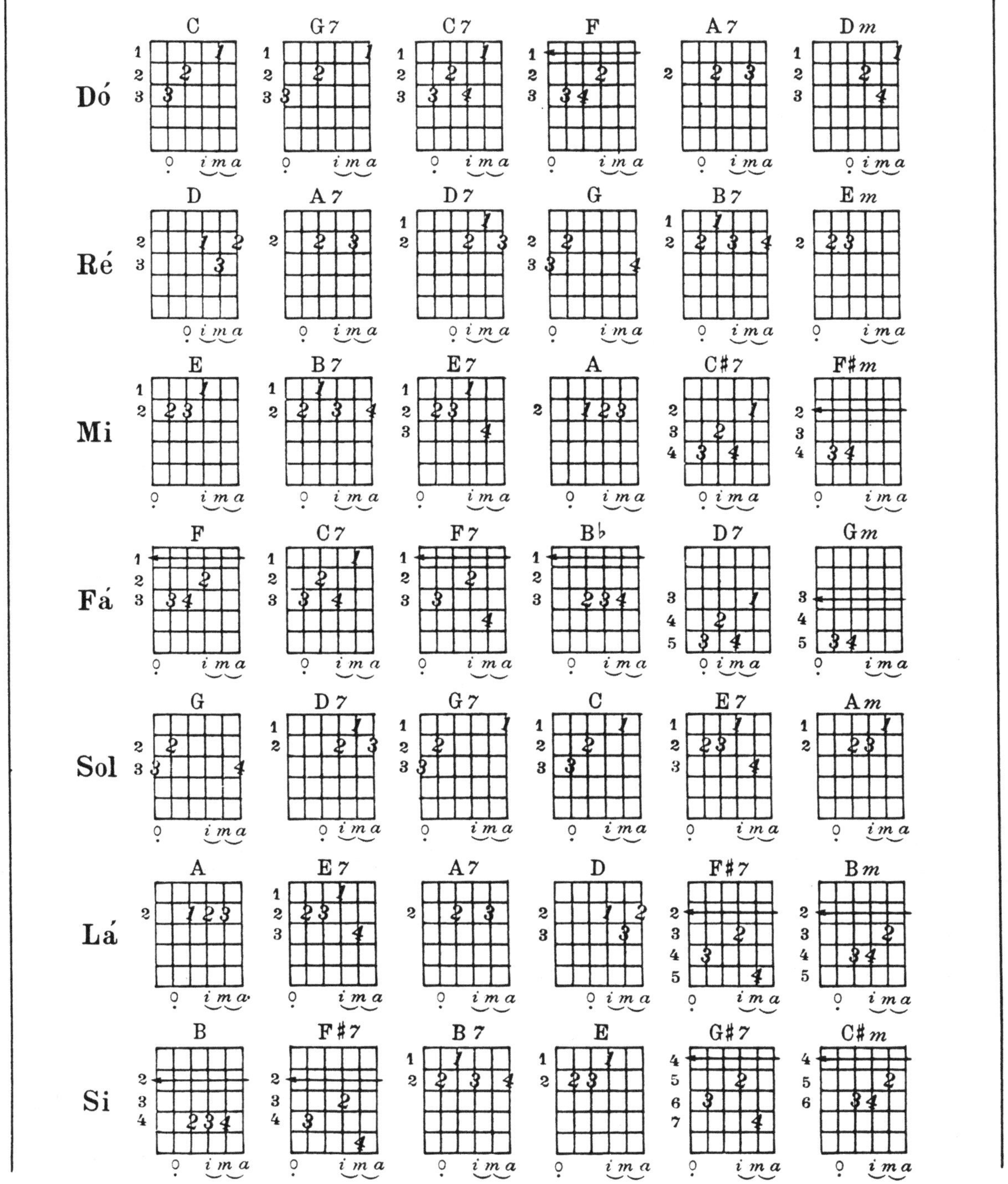

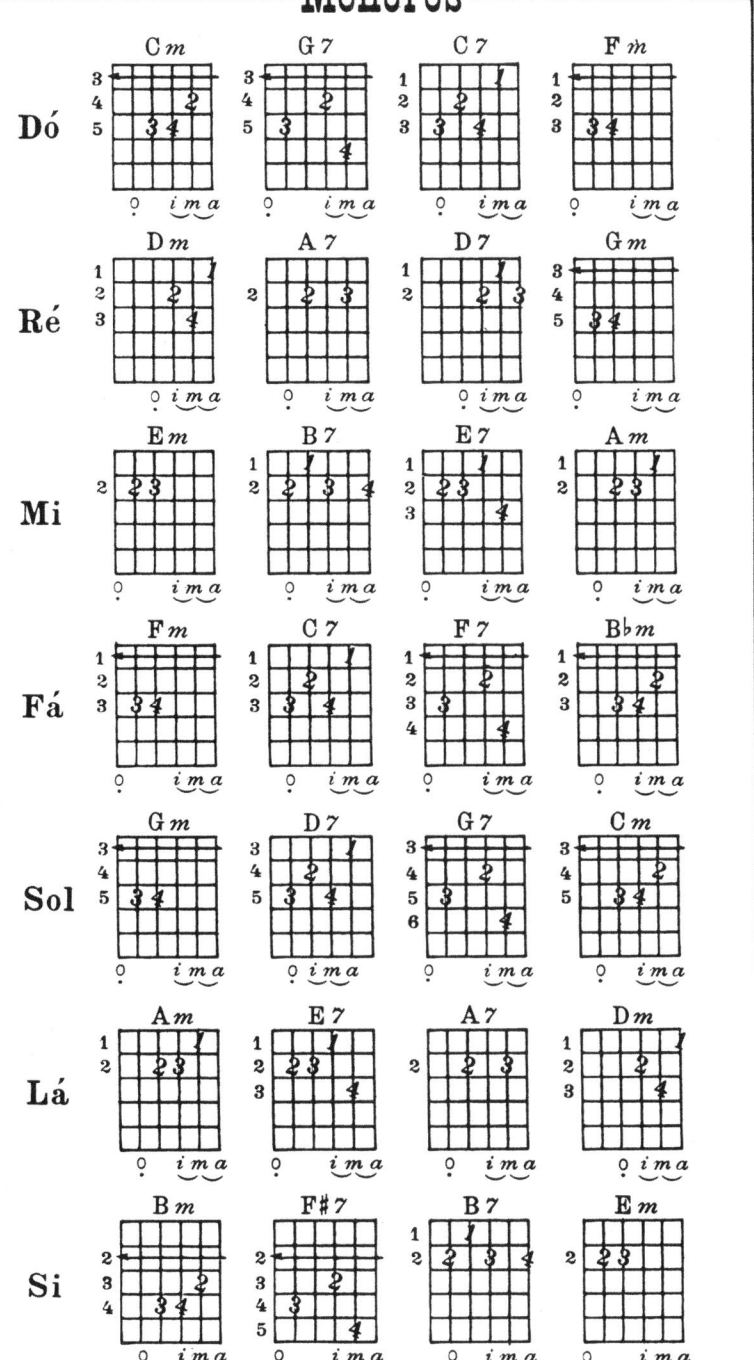

Relação de acordes dissonantes

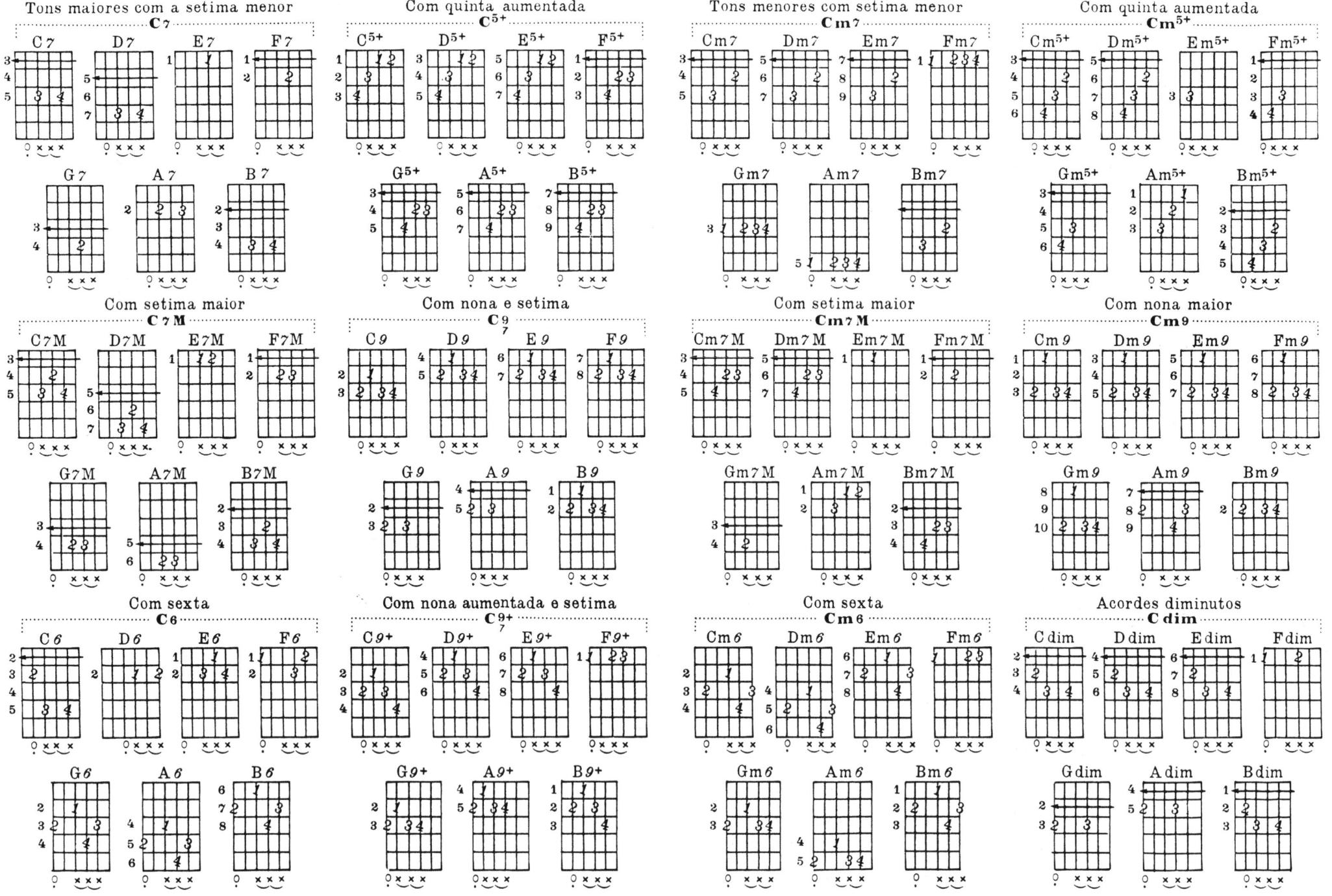